둔황의 채색 조형

The Interpretation of Dunhuang Murals:
Painted Sculptures of Dunhuang By Liu Yongzeng.
The Chinese edition is originally published by East China Normal University Press Ltd.
Copyright © 2010 by East China Normal University Press Ltd.
Korean edition is published by arrangement with East China Normal University Press Ltd.
Korean edition publication rights © 2018 Dongguk University Press.
All rights reserved. No reproduction and distribution without permission.

이 책의 한국어판 출판권은
저작권자인 중국 화동사범대학교 출판유한회사와 독점 계약한
'동국대학교출판부'에 있습니다.
저작권법에 의해 한국 내에서 보호를 받는 저작물이므로
무단 전재나 복제, 광전자 매체 수록 등을 금합니다.

中華社會科學基金(Chinese Fund for the Humanities and Social Sciences)資助

둔황의 채색 조형

敦煌彩塑

劉永增 지음
류융정

樊錦詩 편집
판진스

任光淳·金太京 옮김
임광순 김태경

동국대학교출판부

편집자의 말

많은 사람들이 알고 있듯이 중국의 불교와 유가 그리고 도교는 중국 고대 사회생활에 매우 큰 영향을 미쳤다. 중국 불교미술과 불교는 함께하면서 서로 영향을 주는 한편 서로에게 발전을 가져왔다. 중국의 불교미술은 불교의 수요에 따라 성장·발전하였고 불교 교의와 사상의 형성에 중요한 역할을 하였을 뿐만 아니라 중국 고대미술 발전에 없어서는 안 되는 중요한 촉진제였다.

중국 불교미술은 셀 수 없을 만큼의 유적遺跡과 유물遺物을 남겼다. 하지만 역사적으로 가치가 있는 많은 사찰들은 전쟁이나 천재天災 혹은 인재人災에 의하여 완전히 사라졌고, 사찰 건축예술도 함께 소실되어 거의 남아 있지 않다. 오직 절벽에 조성된 둔황(敦煌) 석굴사찰만이 온갖 풍파 속에서도 대부분 보존되어 있다. 둔황은 오래전부터 고대 비단길의 교통 중심이었고, 상업무역의 집산지였으며, 세계적으로는 4대 문화, 6대 종교, 10여 민족이 하나로 융합된 곳이기도 하다. 모가오굴(莫高窟)의 찬란한 불교예술은 둔황이라는 적합한 토양에서 시대의 수요에 따라 만들어졌다. 둔황 모가오굴에는 지금까지 735개의 석굴, 45,000m²의 벽화, 2천여 기의 채색소상(彩塑), 5좌座의 당송唐宋 시대 굴첨窟檐(처마)이 보존되어 있다. 둔황 모가오굴은 현존하는 중국 석굴사 유적 중에서 규모가 가장 크며 세계적으로 가장 오래되고 보존 상태가 비교적 완전할 뿐만 아니라 내용이 풍부하면서 정교하여, 불교예술의 보고로서 4세기부터 14세기에 이르는 중국 불교예술의 높은 성과를 대표하고 있다.

그러나 천년불교의 성지인 이곳은 16세기 이후부터 점차 역사의 모퉁이로 밀려나게 되었고, 그것의 풍부한 내용과 진귀한 가치는 오랜 시간 동안 사람들에게 잊힌 존재가 되었다.

청淸 광서光緖 26년(1900)에 발견된 창징둥(藏經洞)에서는 4~10세기의 문서, 자수, 견화絹畵, 지화紙畵 등 5만여 건의 유물이 출토되었다. 그중 문서는 대부분 한문으로 된 사본寫本과 소량의 인쇄본이었는데, 한문 사본의 90% 이상이 불교경전이었지만 전통적인 경사자집經史子集과 진귀하고 역사적으로 가치가 있는 '관사문서官私文書' 등도 있었다. 한문 외에도 오래된 장문藏文, 범문梵文, 회골문回鶻文, 율특문栗特文, 우전문于闐文, 귀자문龜玆文 등 여러 소수민족의 문자도 포함되어 있었다.

창징둥과 그 안에 있던 유물은 학계를 깜짝 놀라게 하기에 충분하였으며, 외국의 학자들은 이곳의 문헌을 계기로 둔황 모가오굴에 관심을 가지기 시작하였고, 둔황 모가오굴과 둔황 지역 석굴 불교예술에 대한 연구에 뜨거운 열기를 불러일으켰다. 이러한 둔황 연구의 열기 속에서 1944년에는 둔황 석굴[둔황 모가오굴, 시챈퍼둥(西千佛洞), 안시 위린굴(安西榆林窟), 둥챈퍼둥(東千佛洞), 쑤베이 우거묘(肅北五个廟) 석굴]을 관리하고 연구하는 기관으로 국립둔황예술연구원이 고비사막의 둔황 모가오굴에 설립되었다.

60여 년간 열의 넘치는 많은 청년들이 번화한 도시를 떠나 서부 변경인 둔황 모가오굴에 자리를 잡고 창업을 하였다. 그들은 흙집에서 소금물을 마시며 등잔불을 켜고 생활하였고, 엄동설한과 무더위, 사막의 모래바람, 고독과 외로움 등도 성스러움을 추구하는 그들의 의지를 꺾지는 못하였다. 둔황 석굴을 보호하기 위하여 그리고 둔황 석굴의 예술을 연구하고 해독하기 위하여 '둔황인(敦煌人)'들은 1년, 10년 그리고 한 세대 동안 자신의 청춘과 지혜 그리고 가정, 심지어 인생을 묵묵히 바쳤다.

몇 세대의 둔황학자들이 이곳에 대한 장기적이면서 깊고도 세밀한 조사·정리·고증·연구를 거쳐 둔황 석굴 벽화의 존상화尊相畵(대오각성大悟覺醒하고 대지대용大志大勇한 부처, 자비의 마음으로 중생을 구제하는 보살, 경건하게 수행하며 구원받기를 기도하는 제자, 용맹하고 위풍당당하며 불법佛法을 수호하는 천왕天王과 역사力士, 경쾌한 노래와 우아한 춤을 추는 기악비천伎樂飛天 등 불교의 신들), 석가모니의 고사화故事畵(석가모니가 생전에 중생들을 구제하는 여러 가지 선행의 이야기들, 금생수생에 궁전에서 태어나서 퇴폐적인 태자 생활을 하다가 출가하여 수행을 하고, 항마성도降魔成道하고 중생을 교화하는 전설적인 이야기), 경변화經變畵(수당隋唐 시기의 중국 예술가가 대승불교 경전을 근거로 창작하여 그린 큰 폭의 벽화), 불교의 동전고사화東傳故事畵(불교를 동쪽 지역으로 전파하고 불법의 위력, 불적영험佛蹟靈驗을 널리 알리는 등의 신비로운 이야기), 신괴화神怪畵(중원 지역인 한漢나라에서 유행하는 전통 신화와 신괴 형상), 공양인화상供養人畵像(명복을 기원하며 액막이를 위하여 자신의 재물로 석굴과 조형물을 만드는 공덕주 및 그 가족이 예불하는 화상), 도안문양圖案紋樣(석굴의 건축, 채색소상, 벽화를 장식하는 도안 문양) 등 일곱 가지의 천서天書 같은 내용들을 인식하고 차분히 분석하여 밝혀 내었다.

연구를 통하여 학자들은 둔황 석굴의 주체인 불교의 주제·사상·교의 및 그 변화와 발전 과정뿐만 아니라 벽화가 표현하는 불교의 많은 신들과 그들이 거주하는 불국세계를 분석하였는데, 그 소재들은 인간의 현실세계에서 비롯되지 않은 것이 없었다. 불교교의의 신비로운 베일을 벗겨 보니 명목名目이 다양한 둔황 벽화의 불국세계는 현실세계의 반영임을 알 수 있었다. 우리 눈앞에 놓여 있는 것은 허황한 불국세계가 아니라 1천여 년을 달려온 둔황과 하서河西 지역의 모습과 역사였으며, 1천여 년을 쌓아 온 풍부하고 다채로운 고대 사회생활과 문화였고, 1천여 년을 새겨 온 벽화와 채색소상 예술의 발전 역사였다. 이런 이유들로 둔황 석굴은 '불교예술의 보물창고' 혹은 '중세기의 백과전서'라고 불리고 있다. 오늘의 우리에게 역사성 있는 그림 자료가 봉황의 털이나 기린의 뿔처럼 희귀할 때 풍부하고 심오한 둔황 벽화를 통하여 중국의 고대 역사와 사회를 알아 간다는 것은 아주 중요하다.

둔황연구원의 전문가와 베테랑 촬영기사가 공동으로 완성하고 출판한 '해독둔황(解讀敦煌)' 시리즈 총서는 내용이 상세하고 완전하며 체제가 참신하여 넓은 독자들을 대상으로 하는 대중적인 도서이다. 이 시리즈 총서는 세 가지의 장점을 가지고 있다.

1. 둔황 석굴의 건축, 벽화, 채색소상 및 출토 문서의 내용을 모두 포함하고 있어서 체계가 방대하고 내용이 풍부하다.
2. 둔황연구원의 전문가들로 작가진을 구성하여 그들의 수십 년간의 연구

성과를 불교, 예술, 사회 세 가지로 분류하고 다양한 주제로 둔황의 오묘한 비밀을 알기 쉽게 해설하였다.
3. 둔황연구원의 베테랑 촬영기사들이 촬영한 2천여 장의 정교한 사진은 둔황 석굴의 예술을 독자들에게 다양한 각도에서 다채롭게 보여 주었다.

본 총서는 중국인이 역사적으로 창조한 걸출한 예술 성과와 동방 고대문화의 찬란함 그리고 역사가 둔황에 남겨 놓은 화려함과 유구한 이야기들을 세계 곳곳에 보여 주고 설명하였다.

마지막으로 우리는 '해독둔황' 시리즈 총서의 출판을 통하여 창징둥 발견 110주년, 둔황연구원 설립 66주년, 둔황 모가오굴의 유네스코 세계문화유산 등재 24주년을 기념하였다.

판진스(樊錦詩)

2010년 6월 20일

차례

편집자의 말   5
서언   11

제1장 중원과 서역 예술의 만남

1. 둔황 석굴 최초의 보살은 누구일까?   31
2. 북위의 둔황 조형물은 중원 지역의 양식을 계승한 것일까?   41
3. 왜 북위의 석굴에는 석가의 고행상이 있는 것일까?   51
4. 왜 석가다보釋迦多寶를 『묘법연화경』으로 해석하는가?   58
5. 서위의 채색 조형물에는 어떤 양식이 나타났을까?   64
6. 모가오굴에서 가장 큰 중심탑주석굴은 어떤 기능과 특징들이 있을까?   72

제2장 앞을 잇고 뒤로 전하다; 한漢의 양식(風)과 이민족의 정취(胡韻)

1. 왜 수나라의 조형물을 승전계후承前啓後라고 하는가?   87
2. 수나라 시기, 왜 미륵삼회상을 만들었을까?   97
3. 수나라 시기에는 석가모니와 10대제자十大弟子를 어떻게 표현하였을까?   106

제3장 세속의 형상이 속세를 감동시키다

1. 왜 당나라 초기의 모가오굴 조형물을 '정관 양식'이라고 부를까? 121
2. 누가 남대불상(南大像)과 북대불상(北大像)을 만들었을까? 136
3. 당나라 전성 초기의 가장 아름다운 점토조형물(圓塑) 군상은 어디에 있을까? 142
4. 어떻게 당나라 전성기의 사실적인 조형물은 사람의 마음을 뒤흔들 수 있는가? 153
5. 당나라 전성기의 가장 뛰어난 석굴은 어느 것일까? 167
6. 당나라 전성기, 조형물의 웅장함과 화려함은 어떻게 드러내었나? 177

제4장 참신하던 토번吐蕃의 조형물이 점차 빛을 잃다

1. 토번의 통치하에서 둔황은 왜 당나라의 양식을 유지하였을까? 191
2. 둔황에서 가장 큰 석가열반상의 아름다움은 어디에 있는가? 206
3. 당나라 후기의 저녁노을이 남긴 낙조는 얼마나 될까? 216
4. 둔황 채색 조형물의 여운은 얼마나 남아 있을까? 224

| 부록 | 둔황의 연대기 230

서언

불교는 고대 인도에서 유래되었는데 지금의 파키스탄인 인더스 지역과 갠지스강(지금의 인도) 유역이 그곳이다. 초기 불교 신자들은 우상숭배를 성인에 대한 무례라고 여겼기 때문에 부처의 존재를 법륜, 발자취, 보리수, 보좌 등으로 표현하였다. 1세기에 인도를 통일한 쿠샨 Kushan 왕조는 대승불교가 번성함에 따라 부처의 형상을 금화에 새겨 넣기 시작했다. 쿠샨은 황허(黃河) 서부 지역에서 옮겨 온 대월지大月氏[1]인이 건립한 왕조로 이 지역의 조형물을 간다라Gandhara(지금의 파키스탄 북부 및 아프가니스탄 동부 일대) 미술이라고 불렀는데, 그리스 예술의 영향을 받았으며 중국 불교 조형물 탄생에 큰 영향을 주었다. 갠지스강 이남에 위치한 마투라Mathura(지금의 인도 우타르프라데시Uttar pradesh주의 한 지역) 지역에서도 석재를 이용하여 조형물을 만들기 시작하였고, 그 지역의 명칭을 따서 마투라 미술이라 불렀다. 이 불상은 비록 북방 지역의 영향을 받았지만 기본상에서는 인도 본 지역에서 온 예술이었으며, 특히 야차녀藥叉女 상은 지역적 특징을 진하게 보이고 있다.

불교가 동쪽으로 전해지는 과정은 이와 함께한 불교예술이 각 지역으로 전해지는 점진적인 현지화의 과정이기도 했다. 조각용 석재를 얻을 수 없는 일부 지역에서는 그 지역의 실

그림 0-1 1~2세기 간다라 조형물

---

[1] 기원전 3세기경 중앙아시아의 아무다리야강 유역에 터키계 또는 이란계 민족이 세운 나라.(『세계인문지리사전』, 2009)

정에 따라 금동金銅, 점토(泥塑), 목조木彫, 도자공예(陶塑) 등의 방법으로 불상을 만들었다. 예를 들면 바미안Bamiyan(지금의 아프가니스탄 카불시에서 서북쪽으로 230km 되는 곳) 석굴이 바로 점토로 만든 것으로 인도 굽타 왕조[2] 시대의 특징을 가지고 있으며, 벽화는 페르시아 문화의 영향을 받았다. 이와는 달리 하다Hadda(지금의 아프가니스탄 잘랄라바드Jalalabad[3] 남쪽으로 10km 되는 곳) 지역의 조형물은 몰딩 방식으로 제작하여 표면에 색을 입혔는데, 어떤 의미에서 보면 채색소상(彩塑)이다. 하다의 조형물은 냉엄한 간다라 조각과 질박한 인도의 조형물을 서로 융합하는 새로운 조형 방법과 사실적인 기법을 사용함으로써 지역 특색이 뚜렷한 불교 조형물을 창조해 냈다.

그림 0-2 2세기 인도 마투라 조형물

둔황은 두터운 중원문화를 기반으로 하여 조형예술도 자신만의 전통을 가지고 있다. 한漢 시대의 둔황은 생활도구도 아주 정교한 조각 작품으로 만들어 사용하였으며, 서량西涼 시기의 군주 이고李暠는 일찍이 둔황에 종묘를 세우고 선조들의 제사를 지냈다. 4세기에 둔황은 "산간이라도 마을들이 서로 연결되어 있고, 그 사이에는 많은 사찰이 들어서면서(村塢相屬, 多有塔寺)" 불교의 성지로 발돋움하였으며, 둔황 석굴 또한 이러한 문화적 배경에 순응하면서 발전하게 된다.

---

2 320~550년까지 인도 북쪽을 지배한 왕조.
3 아프가니스탄 낭가르하르주州의 주도州都.

둔황 지역은 변경에 자리하고 있어 사회는 상대적으로 안정을 유지할 수 있었다. 지역의 권문세가들과 백성들이 대를 이어 석굴을 만듦에 따라 둔황은 규모 면에서 웅대한 불교의 성지로 발전하게 된다. 이와 함께 중원의 각지에서 서쪽으로 몰려드는 승려들과 전란을 피해 온 부호들, 관직을 잃은 선비들이 끊임없이 둔황으로 모이게 되면서 그들의 지혜와 재력은 석굴 조성의 촉진제가 되었고, 보존에도 큰 역할을 하였음에 틀림없다. 이와는 달리 중원 지역은 계속되는 전란에 휩싸여 정치가 불안정하게 됨에 따라 왕조가 연이어 멸망하고 사찰이 하나씩 불태워지면서 당나라 이전 채색소상의 기본상은 자취를 잃게 되어, 현존하고 있는 것은 간쑤 톈수이 마이지산(甘肅天水麥積山) 석굴, 산시 우타이산 따퍼광스(山西五臺山大佛光寺), 난찬스(南禪寺) 등에 불과하다. 이러한 의미에서 둔황 석굴은 중국에서 가장 중요한 채색소상 예술의 보고가 아닐 수 없다.

모가오굴은 둔황에서 남동쪽으로 25km 떨어진 밍싸산(鳴沙山) 동쪽 기슭 절벽에 자리하고 있는데, 건축 규모는 대부분 중소형이나 일부 대형 석굴도 있다. 형태적으로 석굴은 선굴禪窟, 중심탑주굴中心塔柱窟, 복두정굴覆斗頂[4] 窟, 대상굴大像窟과 배병굴背屛窟 등 다섯 가지 형식으로 구분할 수 있다. 석굴은 서쪽에 위치하면서 동쪽을 향하고(坐西向東) 있기에 서쪽 벽이 바로 굴의 중심이 되며 어떠한 형식의 석굴을 막론하고 대부분 이곳의 중심에 불상을 만든다. 석굴 내부에는 불상이 있고 벽에는 벽화가 그려져 있다. 당나라

그림 0-3 2세기 인도 마투라 야차녀 석각

---

4 중국의 건축용어로 사다리꼴의 지붕 또는 천장을 말한다.

그림 0-4 북조 시기 중심탑주형 석굴(북위北魏, 254번 모가오굴)

시대의 비문碑文에 의하면 모가오굴은 전진前秦[5] 건원建元[6] 2년(366)에 승려 낙존樂尊을 위하여 처음으로 만들었다고 한다. 그 후 동쪽에서 온 법량 선사 法良禪師가 계속해서 조성함으로써 두 승려의 작은 움직임이 가람의 시작이 되었다. 그 후 독실한 불교신자로 과주瓜州 자사 동양왕 원영元榮과 건평建 平 공公 또한 불교를 크게 일으켰는데, 모가오굴과 조형물은 이로부터 흥성하기 시작한다. 하지만 오랜 시간에 의한 자연적인 손상으로 초창기의 석굴은 이미 고증조차 할 수 없게 됨에 따라 5세기 전반기인 북량北涼 시기에 만들어진 것이 현존하는 가장 오래된 석굴이다.

---

5 350~394년, 동진 16국 시기의 정권 중 하나.
6 선소제宣昭帝의 세 번째 연호.

그림 0-5 세 개의 벽감으로 구성된 전당석굴(수隋, 420번 모가오굴)

모가오굴에는 북량, 북위北魏, 서위西魏, 북주北周, 수隋, 당唐, 오대五代, 송宋, 서하西夏, 원대元大 등 열 개 왕조에 걸쳐 만들어진 492개 석굴과 2천 기의 채색소상, 1천 기의 부조浮彫가 남아 있는데, 기본적으로 완전하게 보존된 원작은 1,400여 기에 달한다. 1천여 년의 석굴 조성 역사상 둔황 조형물의 발전과 변천은 대체적으로 초기, 중기, 말기로 나눌 수 있다.

발전 단계인 초기는 북위, 서위, 북주 등 세 시기로 약 180년이라는 역사를 가지고 있다. 석굴은 대부분 중심탑주형이었으며 서위 이후에는 복두정석굴이 출현한다. 조형물은 주체적 조각이 주를 이루면서 영소影塑도 일부 보조적으로 존재한다. 주체적인 조형물은 대부분 중심탑주의 4면 혹은 4벽에 있는 부처나 보살을 가리키며 사람들의 예배 대상이기도 한데, 미륵상이나 석가상 혹은 석가다보병좌상釋迦多寶并坐像 등이 그들이다. 이들은 주제별로 설법상說法像, 선정상禪定像, 사유상思惟像, 고행상(苦修像) 등으로 나눌 수 있다. 주존主尊의 양측에는 대부분 시중을 드는 보살이 있고 제자상은 북주 시기에 나타난다. 보조적인 조형물(影塑)로는 비천, 공양보살, 벽감壁龕[7] 위쪽을 장식하는 교룡交龍[8]과 기둥(柱頭)을 장식하는 신왕神王, 용머리 등이 있다.

중기는 번성기로서 수·당 양 시대를 아우르는 300여 년의 역사를 기록하고 있다. 석굴의 형태는 대부분이 복두정이다. 일반적으로 굴실窟室의 정면에 큰 벽감을 내고 부처를 중심으로 조형물들을 배열하였는데 적은 곳은 셋~다섯 기, 많은 곳은 28기에 달하기도 한다. 불상으로는 석가모니, 미륵, 아미타와 석가다보병좌상 등이 있는데 삼세불과 미륵삼회설법상도

---

7 니치niche. 벽·기둥 등의 수직면에 조각이나 장식품을 놓을 수 있도록 만들어진 오목 공간(凹所).
8 두 마리 혹은 그 이상의 용이 뒤얽힌 모습.

그림 0-6 **중심불단형 석굴**(중당中唐. 25번 위린楡林석굴)

서언 17

그림 0-7 배병형 불단 석굴(만당晚唐, 196번 모가오굴)

같은 시기에 출현하였으며 양측에는 제자, 보살, 천왕, 역사 및 공양보살 들이 시립侍立하고 있다. 일부 석굴의 굴실 중앙에는 수미단須彌壇이 설치되어 있고 위에는 불상, 제자, 보살 등이 배열되어 있다. 이 외에도 당나라 시대에는 특정한 주제를 가진 큰 조형물석굴(大像窟)과 열반상을 모신 석굴(涅槃窟)이 출현하였는데, 이들은 조형물의 규모나 기법을 막론하고 모두 당나라 정치의 강성함과 경제적인 번영을 그대로 반영하고 있다.

말기는 쇠퇴기로서 오대, 송, 서하, 원 등의 네 시기를 포함하며 460여 년의 역사 기록을 담고 있다. 오대에는 당나라 말기에 출현한 배병背屛석굴을 계승하였는데, 이 유형의 석굴은 규모가 웅대하며 대부분이 모가오굴의 아래층에 만들어짐에 따라 조형물의 훼손이 심한 상태이다. 송 시대의 55번 석굴에는 비교적 온전히 보존된 미륵삼회설법상이 있고, 의좌倚坐를 한 미륵불상 외에도 제자·보살·천왕과 금강역사상이 있으며, 10여 기에 이를 만큼 양적으로도 많아서 모가오굴 말기의 조형을 이해하는 데 보기 드물게 귀한 작품이 되고 있다. 서하 시기에는 대부분 앞 시대의 석굴을 보수하는 수준이었으며, 보존 상태가 양호한 것은 491번 석굴에서 출토한 공양천녀상뿐이다. 원나라 시대의 석굴은 한밀漢密(한나라의 불교와 장밀[9])을 모두 중요시하였는데, 훌륭한 벽화가 적지 않았지만 유감스럽게도 단 하나의 조형작품도 남아 있지 않다.

---

9 '서장밀교西藏密敎'를 줄인 말로 오래전 티베트의 토속신앙과 인도와 중국의 불교가 합쳐져서 이루어졌다.

둔황의 채색소상은 어떻게 만들어졌는가?

둔황 석굴의 암석 구조는 주취안(酒泉)계의 역석암礫石巖층으로 부드러운 모래와 자갈들의 퇴적과 결합으로 이루어진 것이다. 이로 인해 인도의 간다라나 마투라와 같은 조각을 할 수 없었고 오직 점토와 색채를 이용하여 조형물을 만들었기 때문에 후세 사람들은 이것을 '채색소상'이라 불렀다. 사실은 석조 또한 채색을 필요로 한다는 점에서는 채색소상과 동일하다. 간다라의 조형물을 보면 맨 얼굴의 석조로 보이지만 많은 조형물에서 색채를 사용한 흔적이 뚜렷하게 나타난다.

석조는 조형물의 앞면뿐만 아니라 정수리, 뒷모습, 심지어 발바닥까지도 모두 완전하게 조각한 것으로 '원조圓雕'[10]라고도 부른다. 그 때문에 둔황의 채색소상은 엄밀히 말하면 원조가 아닌 원소圓塑이며, 원소에 가까운 고부소高浮塑이다. 고부소 유형의 불교 조형물은 대부분 벽감 내부에 만들어 놓음에 따라 감실 벽에 가리워져 조형물의 측면을 볼 수 없으며 몸체의 두께는 약간 축소되어 있다. 이 외에도 적은 양이지만 원소와 영소가 있다. 원소는 대부분 중심불단과 벽감 양측의 가장자리에 만드는데 205번과 196번 석굴의 중심불단, 384번 석굴의 공양보살이 모두 이것에 속한다. 영소로는 '人'

그림 0-8 사암砂巖에 그린 채색 불상
이 사암으로 만든 정교한 석상은 표면에 색을 입혀 장식하였다. 모가오굴 앞 유적지에서 발견되었지만 당시 어느 곳에 공양되었는지는 알 수 없으며, 석굴 내부에서는 지금까지 석재 불상이 발견되지 않았다. 이것의 발굴 지점은 모가오굴에서 멀지 않은 다섯 개의 돈대 아래에 있는 채색장일 것으로 추정된다.(당唐. 둔황연구원 소장)

그림 0-9 몰드로 만든 조형물의 얼굴 부분
450번 석굴에서 출토되었다. 몰드로 제작된 조형물의 얼굴 부분으로 두께가 1.5cm 정도이고 뒷면은 안쪽으로 패어 있다. 풍만한 모습으로 보아 당나라 시대에 만들어진 듯하다. 몰드 방식은 조형물을 빠른 속도로 만들 수 있는데, 우선 대략적으로 머리의 모형을 만든 후 조립되어 있는 몰드를 얼굴에 붙이면 짧은 시간 내에 모양을 갖추게 된다.(성당盛唐. 둔황연구원 소장)

---

10 국내 미술계에서는 '환조丸彫'라는 용어를 사용한다.

자형[11]으로 경사진 연방椽枋, 벽감 들보, 벽감 문미 위의 장식과 몰드로 만든 비천 등이 있다.

　둔황의 조형물 재료는 모두 그 지역에서 얻었는데, 현지의 고리버들과 수양버들은 조형물의 중심 골격으로 사용하였고 골격 위에 붙여 만든 갈대나 대남풀(芨芨草)은 따취안허(大泉河) 상류 혹은 둔황 주변의 마을에서 구했다. 점토는 석굴 앞 따취안허 변에 퇴적된 징판토澄板土[12]와 고운 모래를 사용하였기 때문에 채집이 더욱 쉬웠다. 둔황 채색소상(高浮塑)의 제작 단계는 대체적으로 아래와 같다.

1. 우선 벽에 가로로 나무못을 박아 넣고 바닥에 묻어 고정시킨 골격을 이 못에 묶은 후 그 위에 갈대 혹은 대남풀을 덧붙여서 조형물의 골격을 만든다.

2. 굵은 점토로 대체적인 형태를 만들고 중간 정도 굵기의 흙을 바른 다음 비교적 고운 흙으로 표면을 만든다. 얼굴, 옷 주름, 손발을 만들 때에는 집기, 빚기, 붙이기, 누르기, 깎기, 새기기 등의 수법으로 세부 형태를 만들고 마른 후에는 색을 입혀 장식한다.

3. 색을 입힐 때에는 찍기, 염색, 바르기, 칠하기, 덧그리기, 붙이기 등의 표현 기법을 사용하는데 바로 그림과 조각을 결합하는 수법으로 피부, 모발, 복식, 대좌臺座 등을 표현함으로써 완성된 조형물은 운치와 질감이 풍부해진다.

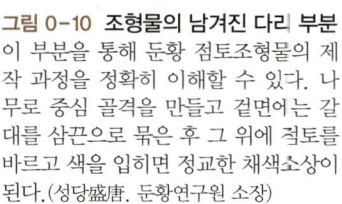

그림 0-10 조형물의 남겨진 다리 부분
이 부분을 통해 둔황 점토조형물의 제작 과정을 정확히 이해할 수 있다. 나무로 중심 골격을 만들고 겉면에는 갈대를 삼끈으로 묶은 후 그 위에 점토를 바르고 색을 입히면 정교한 채색소상이 된다.(성당盛唐. 둔황연구원 소장)

　이러한 조형물은 대부분 나뭇가지를 골격으로 하여 그 위에 풀과 흙을 붙인 후 마지막으로 색을 입혀 완성하였는데, 학자들은 이를 '목골니소木骨泥塑'라고도 부른다. 목골니소 외에도 석태니소石胎泥塑가 있는데, 예를 들면

11　한국에서는 '八' 자형이라고 한다.
12　둔황 모가오굴 석굴 앞에 있는 따취안허와 인근의 산흙이 홍수로 씻겨 내려오면서 하류 지역에서 생기는 아주 미세한 침전토인데, 점토의 일종이다.

그림 0-11 갈대를 묶어 만든 나무 골격 선묘화線描畫

높이가 34.5m에 달하는 96번 석굴과 27m에 달하는 130번 석굴의 미륵불의좌상, 158번과 148번 석굴의 석가열반상 등이 석태니소에 속한다. 석태니소는 대부분 거대한 조형물에 많이 사용되는 형식으로 절벽에 직접 조각한 후 그 위에 풀과 흙을 붙여 만든다.

영소는 몰딩 기법의 일종으로, 미리 제작된 틀에 점토를 채워 넣고 건조시켜 만드는 조형 수법이다. 둔황 초기의 석굴 조형물에서 얼굴, 손발, 관冠의 장식 및 벽감 윗부분의 장식, 보살관의 장식 등 많은 조형부속물은 몰딩 기법을 사용하였다. 이 외에 기악천伎樂天[13]과 천불千佛도 몰딩으로 제작하였는데, 예를 들면 초기 석굴의 중심 탑주 위에 있는 기악천과 428번 석굴 네 개의 벽 위층에 있는 천불 모두 영소에 속한다. 영소 혹은 몰딩으로 만들어진 조형물은 불교의 조형 활동이 어느 정도 규모가 이루어진 후에 등장한 것이다. 몰딩 조형은 짧은 시간 내에 많은 양을 복제해 낼 수 있으며, 이렇게 제작한 부속물에 서로 다른 색채를 칠하여 다시 조합하면 또 다른 예술적 효과를 얻을 수 있다. 아프가니스탄의 하다·잘랄라바드, 중국 신장(新疆)의 허톈(河田)·쿠처(庫車), 간쑤성(甘肅省)의 둔황·주취안(酒泉)·장예(張掖) 등 점토를 조형 재료로 사용하는 지역에서는 모두 대량의 몰딩 조형물이 발견되었다. 이러한 이유로 몰딩 조형은 불교의 아주 중요한 조형 수법 중 하나가 되었다.

---

13 악기를 연주하고 있는 천인상天人像.

불상 제조에는 어떠한 법칙이 있는가?

불교는 1세기 중엽 비단길을 통하여 중국에 전해졌다. 초창기의 불교는 경전 번역이 주된 활동이었기 때문에 노자老子가 호인胡人을 교화했다거나 이존伊存[14]이 『부도경浮屠經(佛經)』을 구술하였다는 등의 전설이 생겨났다. 동시에 불교 조형물도 함께 전해짐에 따라 명나라 황제가 꿈에서 금인金人을 만나고, 채음蔡愔이 대월지에서 불상과 경서를 얻은 후 백마에 싣고 뤄양(洛陽)에 돌아왔다는 백마부서白馬負書 등과 같은 전설도 생겨났다. 이러한 전설들은 비록 대부분 문헌기록에 의한 것으로 과장되거나 억지로 만들어 낸 부분이 있을 수 있지만, 초기 중국 불교의 일부 정황들을 객관적으로 반영하는 측면도 있다.

불교 조형물은 1~2세기 인도에서 들어왔으며, 알렉산더의 동방원정(東征) 이후 그리스문명과 인도문명의 습합으로 생겨난 것이다. 불교 고고학 연구에 따르면 규모가 있는 불교 조형물의 제작은 고인도의 간다라와 마투라 지역에서 기원하였다고 한다. 일반적으로 간다라의 조각은 그리스·로마 문화의 특징이 뚜렷하고 마투라의 것은 인도 전통문화를 기반으로 하고 있다. 그러나 종교의 조형물인 만큼 반드시 종교 특유의 규범을 준수하여야 하는바, 불교의 세계에서는 이러한 규범과 기준을 '상호표준相好標準'이라고 부른다.

'상호'는 조각 혹은 불상을 만들 때 반드시 지켜야 할 원칙이다. 소위 말하는 '상'에는 32상, '호'에는 80종種의 호가 있다. 불경에서 석가모니는 태어날 때부터 일반인과는 다른 점이 많았다고 한다. 그는 모친인 마야摩耶 부인의 오른쪽 늑골에서 태어났으며 태어나자마자 걸었다고 한다. 이뿐만 아니라 그는 일반인과 다른 32상과 80종호를 구비하였다. 만약 나라를 다스린다면 어질고 현명한 왕이나 성현이 될 것이고, 출가를 한다면 크게 깨달은 자(覺者)가 되어 중생을 교화할 것이라고 했다. 결국 그는 석가족釋迦族의 성인이었고 위대한 깨달음을 이룬 자였다.

---

14 서역 대월지의 사자使者.

그림 0-12 벽화 중의 석가모니상 벽화 중의 석가모니상은 '상호'를 명확하게 해석하였다. 예를 들면 육계머리, 검푸른 눈동자, 미간의 흰 털, 손가락 사이의 비단 같은 막, 무릎 아래로 내려오는 두 손 그리고 몸에는 비례선을 남겨 놓았다. (북위北魏, 251번 모가오굴. 북쪽 벽 서측)

    불경에서 말하는 32상은 대장부의 상이며, 이 32종은 일반적인 사람이 가질 수 없는 비범한 사람의 상이다. 예를 들면 손가락 사이에 비단 같은 막이 있고, 두 손은 무릎까지 내려오며, 검푸른 눈동자에 두 눈썹 사이에는 흰 털이 나 있고, 정수리에 육계肉髻가 있다는 등이다. 80종호와 32상은 대체적으로 비슷한데, 단지 석가모니의 몸가짐이나 외모 그리고 음색이 일반인과 다를 뿐이다. 그렇다면 불교에서 이러한 상호표준은 어떻게 생겨난 것일까?

그리고 불교의 조형물은 왜 이러한 상호표준을 지켜야 하는가?

32상과 80종호는 『아함경阿含經』 등 여러 경전에서 찾아볼 수 있다. 불교 사학자들은 『대정장大正藏』의 아함부 등이 최초의 불교경전이었다고 보고 있다. 그러나 이것은 석가모니의 학설, 사상 등과 가까울 뿐 석가모니가 직접 구설한 것이라고는 확증할 수 없다. 불교의 탄생과 발전 역사를 보면 32상과 80종호와 같은 상호표준은 종교적 조형 활동이 일정한 수준 이상으로 발전한 이후의 산물일 것이다. 인도의 간다라는 물론 마투라 지역에서 사용한 조형물의 주원료는 모두 석재였다. 이에 따라 손가락 등 작고 정교한 조각을 하다 보면 쉽사리 균열이 생기기도 하고 나중에도 보수가 비교적 어렵다. 만약 다섯 손가락을 모두 붙여 놓는다면 이러한 문제는 해결이 될 수 있을 텐데, 여기에서 말하는 손가락 사이에 비단 같은 막을 가진 상相은 어쩌면 이러한 조형물의 제작 활동에서 얻은 결론일지도 모른다. 무릎까지 내려오는 두 손, 검푸른 눈동자, 황금색의 신체 등은 모두 비범한 사람의 모습일 뿐이다.

북조 시대부터 당나라 초기까지 모가오굴 조형물의 눈에는 녹색 구리조각을 박아 넣었는데, 이것은 검푸른 눈동자를 표현하는 방법이었을 것이고, 눈썹 사이의 흰 털은 얼굴을 장식하려는 의도였을 것이다. 간다라 조각 일부에는 오른쪽으로 선회하는 털을 양미간에 새겨 넣고(혹은 그려 넣음), 일부는 양미간에 보석을 박아 넣었다. 정수리의 육계는 사실 상투의 일종이다. 마투라 조각에서 일부 여래상은 삭발한 모습이 아니므로 머리카락을 세밀하게 새겨 넣었으며, 일부는 아예 육계를 상투로 조각하기도 하였다. 간다라 여래의 육계는 대부분 물결무늬를 하고 있는데, 두정골을 표현한 것이라고는 하지만 빗질을 한 후의 잘 정돈된 상투머리라고 하는 편이 나을 것이다.

이러한 것들은 실제 제작을 통하여 얻어 낸 상호표준이지만 훗날 사람들이 반드시 지켜야 하는 규범이 되었다. 그뿐만 아니라 이러한 상호표준으로 만들어진 불상 또한 사람들에게 예배의 대상이 되었다. 『관불삼매해경觀佛三昧海經』 등 일부 선관禪觀류의 경전에서는 좌선이나 예불을 막론하고 당연히 불상을 마주하여야(觀像) 한다고 말하는데, 소위 말하는 관상의 핵심은 불상

그림 0-13 석가모니상
상투를 튼 머리에 길게 늘어진 두 귀와 손가락 사이에는 얇은 막이 있고, 시무외인과 여의인에 결가부좌를 하고 있다. (=隋. 420번 모가오굴. 서쪽 벽)

서언 27

의 32상과 80종호를 관찰하고 체득하는 것이다. 관상에는 순관順觀과 역관逆觀 두 가지 방법이 있다. 두정골에서부터 점차적으로 아래로 내려오면서 발밑의 천폭륜상千輻輪相[15]까지 관찰하는 것을 '순관'이라 하고, 이와 반대로 관찰하는 것을 '역관'이라고 한다. 따라서 32상 80종호와 같은 상호표준은 종교적 조형 활동을 통해 생겨난 것이며, 불상 제조와 신앙 활동을 이끌었다고 할 수 있다.

---

15 부처 32상의 하나로 부처의 발바닥에 있는 천 개의 바큇살 문양.

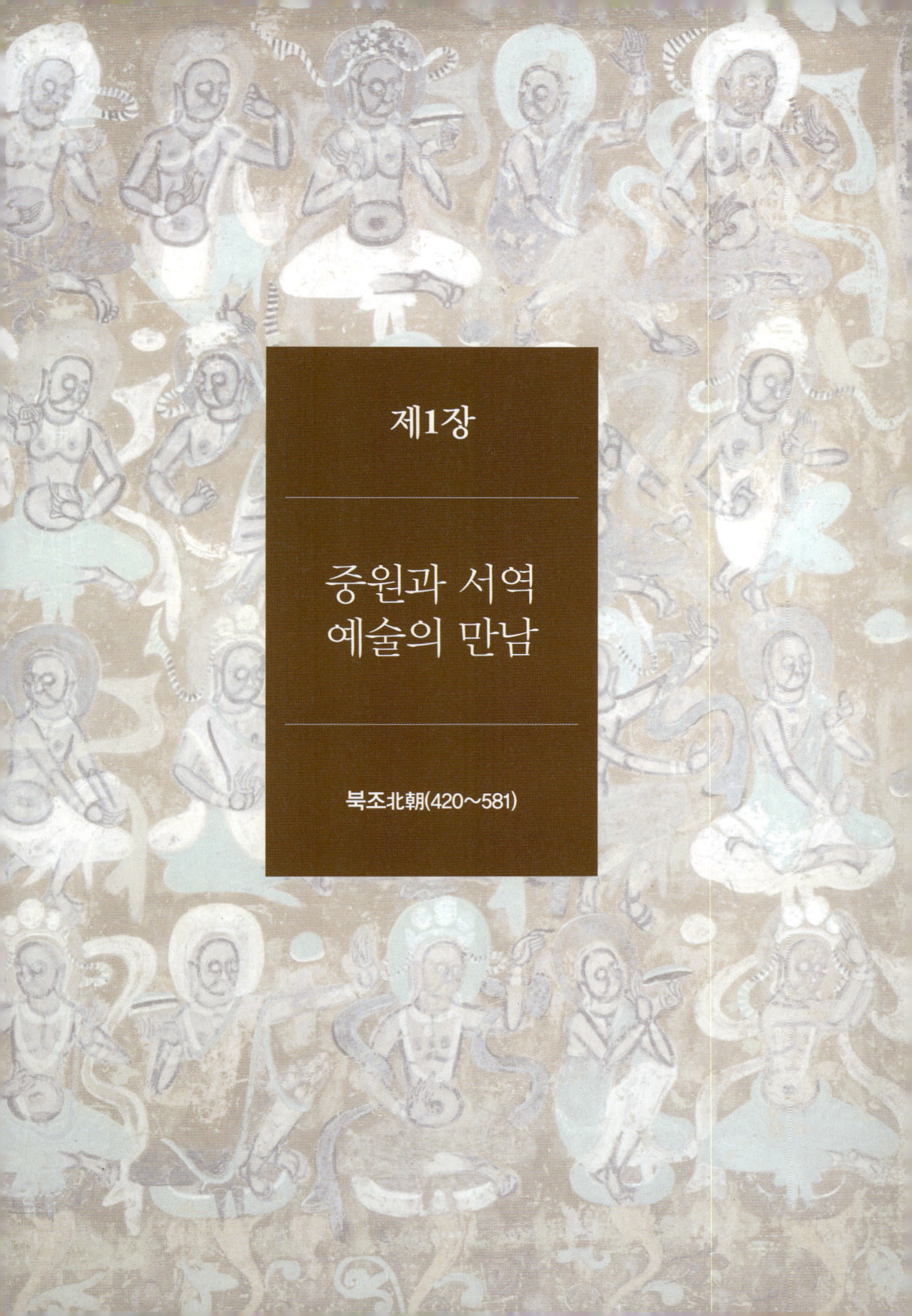

제1장

중원과 서역 예술의 만남

북조北朝(420~581)

북량北涼 시기¹ 둔황(敦煌)과 하서河西 지역의 불교는 이미 어느 정도의 발전이 있었다. 이 시기는 모가오굴(莫高窟)의 초창기로서 주존불은 조형물이었던 것에 비하여 양옆의 협시脇侍보살들은 벽화로 표현되고 있으며, 형태와 조형 수법에서는 서역西域 불상의 특징들이 두드러지게 나타난다.

북위北魏²는 북량을 멸망시킴으로써 하서 지역을 통일하였다. 현존하는 조형물의 소재와 양식을 보면 북위 시기의 조형물은 태화太和³ 원년(477)부터 만들어진 것으로 보인다. 이 시기의 석굴은 일반적으로 중심탑주형이 많았는데, 탑 4면에 벽감壁龕을 내고 불상을 안치한 후 시계 방향으로 돌면서 불공을 드리는 장소로 사용되었다.

서위西魏⁴ 동양왕 원영元榮이 과주瓜州 자사로 둔황에 있을 무렵 새로운 형태의 석굴이 만들어지면서 조형물과 벽화의 소재들도 새롭게 유입되는데, '포의박대褒衣博帶와 수골청상秀骨淸像'⁵이라는 중원의 양식⁶이 그것으로, 한 시기의 주류를 이루었다.

건평 공 우의于義가 과주 자사로 있던 북주北周⁷ 시기에는 둔황 석굴의 불상 제작 활동에 큰 발전이 있었다. 당시의 석굴은 복두정覆斗頂 양식이 주류를 이루면서 중심탑주형은 점차 줄어들고 있었다. 주존상은 앞 세대의 양식을 이어받아 여전히 의좌상倚坐像이 중심을 이루는 가운데 일부 결가부좌상結跏趺坐像도 나타나고 있었다. 주존의 양옆으로는 제자상이 나타나는데, 여기에서 1부처2보살2제자라는 5존상五尊像의 양식으로 발전하게 된다.

---

1 397~439년, 중국 5호16국 시대에 건국된 나라.
2 386~534년, 남북조 시대에 선비족이 세운 나라.
3 북위 효문제孝文帝의 세 번째 연호.
4 535~556년, 남북조 시대에 북위가 분열하여 건국된 나라.
5 중국 남북조 시대에 나타난 복장과 인물의 표현 양식. 소매가 큰 옷과 폭이 넓은 띠, 호리호리한 몸매와 수척한 얼굴에 온화한 미소를 지음으로써 맑은 정신과 고상한 풍모를 띤다.
6 원문에는 '풍격風格'으로 표현하고 있다.
7 557~581년, 남북조 시대 북조의 한 나라로서 국호는 주周이지만 고대의 주나라와 구별하기 위하여 후주後周라고도 한다.

1. 둔황 석굴 최초의 보살은 누구일까?

현시玄始[8] 11년(421) 북량군은 둔황을 침략했고, 북량의 왕실은 불교에 대한 믿음이 깊어 일찍부터 양주涼州 일대에 석굴과 불상을 만들었다. 그들은 둔황을 차지한 후 계속하여 따취안(大泉) 강가에 있는 암벽에 굴을 파고 불상을 만들었는데, 연구에 따르면 모가오굴 최초의 굴착은 이즈음이었던 것으로 추정된다. 272번·268번·275번 석굴이 그들인데, 같은 시기에 만들어졌지만 형태뿐만 아니라 내용에서도 상당한 차이를 보이고 있다.

272번 모가오굴은 궁륭정穹窿頂[9]을 한 네모난 석굴로 굴실 정면에 벽감을 내고 여래의좌상을 모셔 두었으며, 남북 벽면에는 여래설법도如來說法圖가, 서쪽 벽감의 좌우에는 보살청법도菩薩聽法圖가 각각 그려져 있다. 장방형의 268번 석굴은 양측에 선실禪室이 딸려 있는 것으로 보아 승려들의 좌선坐禪 수행[10] 장소로 보인다. 275번 석굴은 장방형의 녹정盝頂[11]굴로 정상부 중앙은 원형이고 중앙 기둥에는 격자형 문양이 새겨져 있는데, 이러한 천장 양식은 뤄양(洛陽)의 한漢나라 무덤에서도 나타난다.

그림 1-1 **미륵보살좌상 천의 옷 주름 선모화**
[뤼원쉬(呂文旭) 그림] (쇼토락Shotorak에서 출토, 아프가니스탄 국립박물관 소장)

석굴 정면의 벽에는 벽감을 두지 않았고, 잇닿은 벽면에는 높이 3.34m의 교각미륵상交脚彌勒像이 놓여 있다. 양측 벽면에는 각각 두 개의 망루(闕)형 벽감과 하나의 쌍수雙樹형 벽감이 있고, 그 안에는 교각미륵과 사유보살상思惟菩薩像이 모셔져 있다. 망루벽감과 쌍수벽감 아래에는 석가모니의 사문출유

---

8 5호16국 시대 북량 군주 무선왕武宣王의 두 번째 연호.
9 중국 건축에서 벽돌 또는 석조 건축물의 돔 모양 지붕 혹은 천장.
10 두 다리를 포개는 가부좌跏趺坐 상태로 수행하는 방법.
11 4면의 모서리를 죽인 지붕.

그림 1-2 **275번 모가오굴의 교각보살 선묘화**(뤼원쉬 그림)

四門出游[12]하는 이야기와 시비왕尸毗王 등 본생本生에 관한 고사가 벽화로 그려져 있다.

   이 세 개의 북량 시기 석굴 중 272번과 268번 석굴의 내용은 비교적 단순하고 시대적으로는 275번 석굴보다 조금 앞선다. 중심탑주 형태가 아니라는 것을 뺀다면 275번 석굴의 조각 형식과 벽화의 내용은 북위의 석굴과 별다른 차이가 없어 보인다. 이것을 통해 북위의 석굴과 275번 석굴은 서로 승계 관계를 가지고 있다고 볼 수 있다. 다시 말하면 북량의 모가오굴은 그 형태

---

12 어느 날 석가는 성문 밖으로 나가 백성들의 생활을 구경하는데, 동문에서는 허리가 굽은 백발의 노인을 보고 인간은 누구나 그처럼 늙는다는 것을 알았고, 서문에서는 죽은 사람의 장례 행렬을 보고 누구나 반드시 죽는다는 사실을 뼈저리게 느꼈으며, 남문에서는 고통에 신음하는 병자들을 보고 병고에 시달려야 하는 인생의 괴로움을 알았고, 북문에서는 출가한 수행자를 만나 생로병사의 고통에서 완전히 벗어난 해탈의 길이 있음을 듣고 기뻐하며 출가를 결심하기에 이르는데, 이를 '사문출유' 또는 '사문유관四門遊觀'이라 한다.

그림 1-3 교각미륵보살 곧게 뻗은 콧등에 돌출된 눈과 귓구멍이 보이는 긴 귀를 가지고 있으며 구불구불한 머릿결은 어깨를 덮고 있다. 간단하면서도 세부 묘사를 생략한 모습이지만 기운이 흐르고 있다. 잘 정돈된 세밀한 음각선으로 긴 머릿결을 표현하였고 보관寶冠은 꽃으로 장식하고 있다. (북량北涼. 275번 모가오굴. 서쪽 벽)

그림 1-4 교각미륵보살 머리에 쓰고 있는 보관은 화불化佛로 부조되었다. 얼굴은 풍만하고 표정은 온화하며 왼손은 여원인 자세를 취하고 있지만 오른손은 훼손된 상태이다. 윗몸은 절반 정도 가려져 있고 양장군羊腸裙을 입고 교각 자세로 사자좌에 앉아 있다. 뒤에는 두광과 삼각형의 등받이가 있다. (북량北涼. 275번 모가오굴. 서쪽 벽)

나 구조에서 모색의 단계에 있었으므로 적합한 석굴의 양식을 찾아내지 못했거나, 석굴의 형식이 둔황에 전파되지 않은 것이라고 일부 연구자는 말하기도 한다. 벽화의 내용에 일정한 규칙이 보이지 않는 것에 대하여 어떤 이는 이 시기의 승려나 민중들 사이에 비교적 일관성이 있거나 유행하는 신앙적 내용이 없었기 때문이라고 보기도 한다.

275번 굴 안의 교각보살상은 모가오굴에서 가장 먼저 만들어진 조형물이다. 서쪽 벽에 있는 교각미륵은 머리에 삼면보관三面寶冠을 쓰고 있는데, 보관의 중앙에는 선정인禪定印[13]의 화불化佛[14]이 새겨져 있다. 상반신은 드러난 채로 목과 팔에는 구슬목걸이 등의 장식품을 하고 있다. 하반신은 치마를 입고 사각의자 앞에서 두 다리를 교차시키고 있는데, 이는 도솔천궁兜率天宮에 있는 미륵불을 표현한 것으로 학자들은 '교각미륵'이라 부른다. 남북 벽 위에는 두 쌍의 망루형 벽감과 한 쌍의 쌍수형 벽감이 있다. 망루형 벽감은 한漢나라 망루 형식을 본따서 만든 것으로 미륵불이 거처하는 도솔천궁을 표현한 것이다. 쌍수형 벽감은 두 그루의 나무를 기둥으로 하여 수관樹冠을 벽감의 문미門楣[15]로 사용하였는데, 이는 미륵불이 용화수龍華樹 아래에서 사유수행思惟修行을 하는 모습을 담은 특별한 벽감 형식이다. 벽감 안에 주존과 같이 교각 양식이거나 오른쪽 다리를 수평으로 왼쪽 다리에 올려놓고 한 손은 사유를 하는 모습의 불상은 모두 미륵보살을 표현한 것이다.

미륵은 인도 불교미술 초기에 유행한 소재 중 하나였고, 교각미륵상도 일찍이 간다라Gandhara[16] 조각에서 발견되었다. 쇼토락Shotorak[17]에서도 도솔천에 있는 미륵보살을 표현한 교각상이 출토된 적이 있다. 간다라의 미륵불상

---

13 부처가 선정에 든 것을 상징하는 수인手印으로 '삼마지인三摩地印' 또는 '삼매인三昧印'이라고도 한다. 두 손을 펴서 왼손을 아래로 하여 겹치고, 두 엄지손가락의 끝을 서로 맞댄 손 모양.
14 변화한 부처. 중생을 구제하기 위하여 중생들의 근기根機에 따라 모습을 바꾸어 나타난 부처.
15 문턱을 아래로 마주보는 지점에 벽의 무게를 받치기 위해 문 위에 가로로 댄 나무.
16 인도의 서북부, 지금의 파키스탄 페샤와르 일대의 넓은 지역.
17 아프가니스탄의 힌두쿠시 산맥 남쪽 기슭, 고대 카피시국의 국도國都 유적인 베그람 유적 근처에 있는 4~7세기경의 불교사원 유적지.(한국사전연구사 편집부, 『미술대사전-용어편-』, 한국사전연구사, 1998)

그림 1-5 사유보살
쌍수형 벽감 안에 있는데 보관과 오른손은 훼손되었으며 오른발은 왼쪽 다리 위에 수평으로 그리고 왼손은 그 위에 놓여 있다. 윗몸은 앞으로 기울어진 모습으로 아래쪽을 내려다보고 있는데, 미륵보살이 용화수 아래에서 사유하고 있는 모습이다.(북량北涼. 275번 모가오굴 북쪽 벽의 동쪽에서 첫 번째 벽감)

은 입상이나 좌상 모두가 오른손은 시무외인施無畏印[18]에 왼손은 아래로 내려뜨리거나 복부 앞쪽으로 물병을 들고 있지만, 머리는 묶은 형태로 모가오굴 초기 초승달(仰月) 무늬 장식의 삼면보관을 머리에 쓰고 있는 보살과는 다른 모습이다. 반면, 간다라 서북부에 있는 바미안Bamian 석굴의 미륵불은 표현 형식에서 차이가 나타난다. 예를 들면 330번 종권정縱券頂과 338번 궁륭

---

18 부처가 중생의 두려움을 없애고 위안을 주는 수인. 다섯 손가락을 가지런히 펴고 손바닥을 밖으로 하여 어깨 높이까지 올린 손 모양.

정 중심에 있는 미륵보살의 머리는 간다라의 묶은 머리 형태 조형물과는 달리 북조 시기 모가오굴의 보살과 같은 삼면보관을 쓰고 있으며, 보관에는 여전히 초승달 무늬가 장식되어 있다. 바미안 석굴을 제외하고도 잘랄라바드Jalalabad와 하다Hada 등의 지역에도 매우 중요한 불교 유적들이 있다. 이러한 불교 유적들을 가지고 있는 아프가니스탄은 오래전부터 문명의 교차로라 불렸다. 돌에 새기는 간다라 방식보다는 점토나 주조식鑄造式[19] 조형물을 특징으로 하는 바미안 지역의 불교예술이 둔황 석굴과 더욱 가까운 유전자를 가지고 있다고 할 수 있다.

우리는 교각보살상을 간다라, 바미안, 커즈얼(克孜尔) 석굴의 미륵불상과 비교 분석한 후 간다라, 특히 바미안 석굴의 미륵상과 아주 흡사한 부분이 많다는 것을 증명하였다. 이와 함께 북량 시기 저거경성沮渠京聲이 번역한 『관미륵보살상생도솔천경觀彌勒菩薩上生兜率天經』도 이에 대한 아주 좋은 자료이다. 불경에서 그리는 미륵보살의 몸은 염부단금閻浮檀金[20]의 색상을 띠고 있으며, 키는 16유순

그림 1-6 교각미륵상
양손과 배광은 훼손되어 완전하지 않다. 두 손은 가슴 앞에 모아 있고 머리에는 화관을 하고 보증寶繒은 두 귀에서 어깨까지 드리워져 있으며 목에는 목걸이를 하고 있다. 윗몸은 드러낸 채 하의로는 치마를 입고 비단띠가 등 뒤에서 앞으로 걸쳐져 겨드랑이를 지나서 의자 위로 드리워져 있다. 얼굴은 둥글넙적하고 두 눈은 살며시 감겨져 있으며 엄숙하면서도 자비로운 모습이다. 두 다리는 교차시킨 채 한 쌍의 사자 위에 앉아 있다. 주존의 배광 양측에는 두 명의 보살이 시립하고 있다. 좌대는 뒤집힌 '凹' 자형으로 정면 중심에는 향로가, 양쪽에는 서 있는 모습의 공양인이 여섯 명씩 새겨져 있으며 받침대의 양측에도 같은 모습의 공양인이 다섯 명씩 조각되어 있다.[북위北魏. 남은 높이 43cm. 1954년 허베이 취양 슈더(河北曲陽修德) 사원 유적지에서 출토. 허베이성박물관 소장]

---

19 번모식翻模式, alternate form, casting mold.

20 염부단閻浮檀은 산스크리트어 jambū-nada의 음사. jambū는 나무 이름, nada는 강을 뜻한다. 염부나무 숲 사이로 흐르는 강에서 나는 사금砂金으로 적황색에 자줏빛의 윤이 난다고 한다.(곽철환, 『시공 불교사전』, 시공사, 2003)

由旬[21]으로 32상相 80종호種好[22]를 갖추었고, 머리에는 마니주보摩尼珠寶[23]로 장식한 연화관을 쓰고 있는데, 무량화불無量化佛이 여기에서 화현化現한 것이라고 하였다. 이로써 머리에 불관佛冠을 얹고 있는 275번 굴의 교각미륵보살 모습이 불경의 내용과 일치하고 있다는 것을 알 수 있다.

둔황뿐만 아니라 신장(新疆)의 커즈얼 석굴에도 많은 교각보살상이 있다. 대부분은 석굴 입구 위쪽에 그려져 있고 주위에는 또 다른 보살들이 둘러싸고 있는데, 이 또한 도솔천궁에서 불법佛法 수행을 하는 미륵보살을 표현한 것이다. 이 외에도 둔황, 주취안(酒泉) 주변에서 북량부터 북위 시대에 이르는 석탑 수십 기가 출토되었다. 그중 승현承玄[24] 원년(428) 고선목高善穆이 만든 탑 둘레에는 일곱의 여래상과 교각보살상 하나가 조각되어 있는데, 석가모니를 포함한 과거칠불과 미륵보살을 표현한 것이고, 이 미륵보살의 보관寶冠에 화불이 새겨져 있다. 태화 13년(489)에 조성한 17번 원강(雲岡) 석굴의 교각보살상 조상기造像記[25]의 제목은 '미륵'이다. 허난 뤄양 룽먼(河南洛陽龍門) 석굴에는 25개의 미륵상이 있는데 모두가 교각좌식이다. 이들을 통해 둔황뿐만 아니라 5~6세기 중국 북방의 넓은 지역에서 교각미륵이 유행했던 소재라는 것을 알 수 있다.

미륵상이 이처럼 유행하였던 것은 미륵의 특별한 신분과 깊은 연관이 있

---

21 범어 Yojana의 역문으로서 이와 비슷한 말로는 '유순俞旬', '유순揄旬', '유순逾旬', '유선나逾繕那' 등이 있다. 고대 인도에서 거리를 세는 단위로 사용되었는데, 왕이 하루에 행군하는 거리를 1유순이라 한다. 당나라 때 『서유기』에는 "유선나는 자고로 성왕聖王이 하루에 갈 수 있는 거리다. 1유선나는 40리이며 인도에서는 습관적으로 30리라 한다."라고 씌어 있다. 나중에 불교에 도입되면서 불교사회에서 도량 단위의 개념으로 사용되었다.
22 부처를 조각상으로 표현할 때 적용되는 형상으로 32상을 기본으로 하고, 세분한 것을 80종호라고 한다.
23 이 구슬은 용왕의 뇌 속에서 나온 것이라 하며, 사람이 이 구슬을 가지면 독이 해칠 수 없고, 불에 들어가도 타지 않는 공덕이 있다고 한다. 혹은 제석천왕이 가진 금강저로 아수라와 싸울 때 부서져서 남섬부주에 떨어진 것이 변하여 이 구슬이 되었다고도 한다. 또는 지나간 세상의 모든 부처님의 사리가 불법이 멸할 때 모두 변하여 이 구슬이 되어 중생을 이롭게 한다고도 한다.
24 북량 무선왕의 세 번째 연호.
25 석굴이나 벽감 내의 석상을 만들 때 기록한 글.

그림 1-7 교각보살 측면 벽의 아치형 벽감에 있다. 보살은 세 개의 보석으로 장식된 보관을 쓰고 있는데 윗부눈은 초승달로 장식되어 있으며, 시무외인과 여원인 자세에 천의와 양장치마를 입고 보좌 위에서 교각을 하고 앉아 있다. 초승달 형태는 페르시아와 관련이 있다.(북량北涼. 275번 모가오굴. 북쪽 벽)

다. 『미륵상생경』과 『미륵하생경』[26]에 따르면 미륵은 브라만 가정에서 태어나서 불제자가 된 후 미래에 성불成佛하리라는 수기를 받고 도솔천에 올라가 보살의 신분으로 천인들을 교화하고, 또 스스로 수행하면서 성불하기를 기다렸다고 한다. 석존釋尊은 "미륵보살은 도솔천궁에 올라간 후 멀지 않은 미래에 염부제閻浮提[27]에 있는 브라만 가정에서 태어나 용화수 아래에서 성불하고 석가모니로부터 도를 닦은 후 미륵불 혹은 미륵여래가 될 것이다."라고 예언하였다. 미륵이 성불한 후의 미래는 '1종7수一種七收'하여 풍부한 곡식으로 굶주림의 고통에서 벗어나고, '나무에서 옷이 열리는 수상생의樹上生衣'의 아름다운 풍경으로 실오리 하나 걸치지 못하는 어려움을 사라지게 하고, '나이 5백 살에 시집을 가는 5백 세 출가五百歲出嫁'에도 여전히 소녀와 같고, '사람의 수명이 4만 8천 세(人壽四萬八千歲)'가 되는, 모든 사람들이 동경하고 희망하는 세상이 될 것이다. 전쟁과 생활의 모진 고통을 겪은 사람들은 한 치의 의심도 없이 자신의 희망을 미래 세계의 구세주인 미륵보살에게 기탁하게 된다. 이러한 이유로 모가오굴 초창기 석굴의 미륵불상은 모두 도솔천궁에 있는 보살을 표현하였고, 북방 지역의 보편적인 대상이 되었다.

---

[26] 『미륵상생경』과 『미륵하생경』은 미륵신앙의 근본경 중 하나로 『미륵상생경』은 '관미륵보살상생도솔천경'이라고도 한다.(『한국민족문화대백과』, 한국학중앙연구원)

[27] 수미산을 중심으로 인간세계를 동서남북 4주로 나눈 중 남쪽에 있는 곳으로 한국은 여기에 속한다.(『문화원형 용어사전』, 한국콘텐츠진흥원, 2012)

2. 북위의 둔황 조형물은 중원 지역의 양식을 계승한 것일까?

북량 이후 모가오굴은 잠시 중단되기도 하였으나, 북위 태화 연간(477~499)에 들어서면서 다시 만들어지기 시작하여 대통大統[28] 원년(535) 동위와 서위 왕조로 분열되기까지 열 개의 석굴이 만들어진다. 석굴은 대부분 중심탑주식 형태로 직사각형 평면에 앞부분은 '人' 자형 그리고 뒷부분은 평평한 천장으로 되어 있고, 뒷부분의 중앙에는 네모난 기둥이 설치되어 있다. '人' 자형으로 경사진 천장은 목구조 서까래를 본따서 부조浮彫하였는데 널찍하면서 높고 밝은 전실前室을 이루고 있다. 272번 모가오굴은 서쪽 벽에만 벽감을 내고 불상을 모셔 둔 데 반해, 중심탑주형은 탑기둥 4면에 벽감을 내고 불상을 둔다. 벽감은 망루형, 아치형, 쌍수형 등 세 가지 형식이 있다.

북위 초기에는 259번 석굴처럼 중심기둥이 절반으로 된 형태의 석굴이 나타나기도 한다. 이것은 초기 단계로 중심탑주 형식의 석굴이 둔황에 유입되기 전에 시도되었던 것으로 보인다. 석굴의 양이 점차적으로 많아지면서 중심탑주형 석굴은 북위 시기의 중요한 건축 양식이 되기도 하였다. 중심탑주형 석굴 입구인 '人' 자형 천장 아래 부분은 많은 사람들이 모여서 불공을 드릴 수 있는 넓은 공간으로 되어 있다. 석굴을 순례하는 승려와 불교신도들은 석굴에 들어선 후 이 공간에서 향을 사르고 불공을 드리는 등 불교신도로서의 경건한 마음을 표현한다. 불공을 드린 후 중심기둥 주위를 돌면서 불상을 바라볼 수도 있는데, 오른쪽 방향으로 돌면서 중심기둥의 다른 3면에 있는 불상을 볼 수도 있고, 네 개의 벽면에 그려져 있는 본생本生인연에 관한 벽화들을 음미할 수도 있다. 이러한 벽화들은 바닥에서 1.5~1.8m 높이에 그려져 있어서 사람들의 시선과 일치한다. 따라서 중심탑주식 석굴의 가장 큰 특징은 '人' 자형 천장 아래에 넓은 예배공간이 있다는 것과 중심기둥의 4면을 우회하면서 감상할 수 있어서 예배와 감상을 동시에 할 수 있는 복합 기능의

---

28 서위 문황제文皇帝의 연호.

그림 1-8 중심탑주석굴 조형물 중심탑주석굴은 북위의 대표적인 석굴 형태이다. 중심탑주는 불탑을 상징하는데, 4면에 벽감을 내고 조형물을 만들어 순례하는 승려와 신도들에게 불상을 바라볼 수 있도록 하였다. 사진은 중심기둥에서 동쪽을 향하고 있는 벽감인데, 내부에 주존인 석가모니의 교각좌상이 있다. 석굴 안의 남북 양측 벽 위쪽에 벽감을 만들고 석가의 선정상과 미륵보살을 모셔 두었다.(북위北魏. 254번 모가오굴)

석굴이라는 것이다. 중심탑주라는 형식은 허난 궁셴(河南鞏懸)의 석굴사와 동일하지만, 궁셴 석굴은 문밖에 '人' 자형 천장을 가진 전당이 따로 있다는 것이 다른 점이다.

서역과 접하고 있는 둔황은 한漢민족과의 교류를 통해 대도시로 변모하게 된다. 이러한 교류로 인하여 북위 초기의 인물상, 의관복식, 예술양식 등 많은 면에서 서역과 중앙아시아 지역의 불교문화 영향이 커졌다고 하겠다. 인물상을 보면 얼굴은 풍만하고 눈썹은 길며 눈은 튀어나왔고, 넓은 어깨와 평탄한 가슴을 가졌다. 조형 수법은 소박하나 옷의 색상은 화려하다.

254번 모가오굴은 북위의 대표적인 석굴 가운데 하나이다. 중심기둥의 정

그림 1-9 북위의 룽먼 석굴 조형물

면에는 큰 아치형 벽감이 있고, 그 안에는 설법 중인 석가모니 교각불상이 있다. 석가는 오른쪽 어깨가 드러나는 가사袈裟에 안에는 승지지僧祗支[29]를 입고 있다. 가사는 얇아서 신체의 굴곡이 드러나 보이고 부드러운 물결 모양의 옷 주름이 몸 위를 부드럽게 흐르는 듯이 늘어져 있어서 마치 금방 목욕을 마치고 나온 듯하다. 이러한 조형 방식은 간다라에서 유행하였으며, 특히 마투라Mathura[30]에서 발달한 것으로 그리스 조각의 영향을 받았다. 중국 미술사에서는 이러한 기법을 '조의출수曹衣出水'라고 하는데, 북제北齊 시기의 화가 조중달曹仲達이 만든 기법이다. 서역의 조曹(현재의 우즈베키스탄)나라 사람이었던 조중달은 중원 지역으로 온 이후 범상梵像이 있다는 말을 듣게 되면서 '최공最工'이라는 찬양을 받았다고 한다. 중심탑주의 남북 위쪽에는 망

---

29 삼의三衣 속에 입고 왼쪽 어깨와 양 겨드랑이를 덮는 옷.
30 아그라의 북서쪽 50km, 야무나강江의 우안에 위치한 인도 북부 우타르프라데시주州에 있는 도시로 옛 이름은 무트라Muttra이다.

그림 1-10 **석가모니선정상** 육계머리에 통견가사를 걸치고 선정인에 결가부좌를 하고 있다. 얼굴은 북위의 허난 뤄양 석굴 조형물과 아주 비슷하다. 육홍색으로 피부를 표현하고 붉은색으로 가사에 색을 입혔으며, 석청색으로 머리와 가사의 주변을 물들였다. 이 벽감은 서하 시기에 재건하면서 내부를 봉쇄한 후 1943년에 벗겨 냄으로써 색채가 여전히 새것처럼 선명하다. (북위北魏. 263번 모가오굴. 북쪽 벽)

그림 1-11 **석가모니의좌상** 오른쪽 어깨가 드러나는 양주凉州식 가사를 입고 시무외인과 여원인을 취하고 있으며, 발을 아래로 드리우고 의좌 자세를 하고 있다. 가사의 옷 주름은 복부와 의자 앞에서 휘돌아 들며 몸 뒤에는 배광이 그려져 있다. 의좌依坐는 '선가좌善跏坐'라고도 부르는데 여래 혹은 보살이 두 다리를 의자 앞으로 내려놓고 앉는 형식을 말하며, 북조 시기 모가오굴 주존석상의 대표적인 좌식이다. (북위北魏. 435번 모가오굴. 중심탑주에서 동쪽으로 나 있는 벽감) ▶

그림 1-12 금강역사 벽감 양측에 치켜세운 눈썹에 두 눈을 부릅뜨고 있는 높이 94cm의 역사호위가 있는데, 쇄골과 흉골이 튀어나와 있고 팔뚝 근육은 두드러져 있다. 상체에는 교차된 천의를 걸치고 끝단이 녹색인 붉은 치마에 운두리雲頭履를 신고 연대 위에 서 있다.(북위北魏. 435번 모가오굴. 중심탑주에서 동쪽을 향하는 벽감의 북측)

루형의 벽감이 있고 그 안에는 교각미륵보살이 있다. 머리에는 삼면보관을 쓰고 있으며 보관은 꽃잎과 초승달로 장식되어 있다. 아래쪽의 아치형 벽감에 있는 선정상禪定像은 석가모니가 보리수 아래에서 수행하는 모습이다. 조용하고 깨끗한 마음으로 참선을 하고 있는 모습의 불상은 북방 석굴에서 유행하였던 '굴을 만들어서 신선으로 살았다'는 장면이다.

북위의 조형물은 대부분 대남풀(Achnatherum splendens)을 단단히 묶어서 골격으로 사용하였고, 그 위에 또다시 세 겹으로 흙을 발랐다. 안쪽 두 개 층의 흙에는 보릿짚을 섞었고 바깥층에는 강바닥에 퇴적된 흙을 사용하였는데, 토질이 미세하고 점성이 없어서 약간의 모래와 자른 삼 혹은 면화를 섞어서 발랐다. 수축으로 인한 변형을 방지하기 위해서는 건조하는 과정에서 조각칼로 계속 눌러 주어야 했다. 조형물이 마르면 채색을 하는데, 붉은 흙으로 주존主尊의 가사를 칠하고 얼굴과 피부가 드러나는 부분은 금박을 입힌 후 눈에는 구리조각을 박아 넣었다. 부처의 승지지 또한 붉은 흙색깔이고 천의天衣는 석石청색과 석녹색을 많이 사용하였는데, 형태는 육중하지만 밝은 색상을 사용하였다. 지금까지 보존되어 있는 유물들을 보면 당시의 장인들은 이미 그 지방의 여러 가지 재료를 사용하는 데 있어서 상당히 익숙해 있었으며, 정교하면서 성숙된 예술작품을 만들었다는 것을 알 수 있다.

북위 둔황 조형물의 주제에 많은 변화는 없었지만 수려한 용모와 초승달 모양으로 미소를 머금은 작은 입, 온화한 표정, 대범함이 묻어나는 강건한 몸매 등에서 산시 따퉁 윈강(山西大同雲岡) 석굴과 허난 뤄양 룽먼(河南洛陽龍門) 석굴 조형물의 특징들을 어렵지 않게 찾아볼 수 있다. 비록 중원 지역의 불교 조형물도 서역에서 전해진 것이라고는 하지만 뚜렷하게 자기만의 개성을 가지고 있다. 이것으로 북위 중원의 조형술과 서역의 불교가 예술을 통해 진일보한 융합을 하고 있다는 것을 알 수 있다.

그림 1-13 비천상(影塑) 상투머리에 야윈 얼굴 그리고 가늘고 긴 몸매의 비천은 연꽃을 들고 무릎을 구부려서 발을 감싸안은 채 허공을 날고 있는데, 중원 지역 비천의 복제품이 확실하다. 표면의 색채는 송나라 시대에 다시 칠한 것이다. (북위北魏. 437번 모가오굴. 중심탑주에서 동쪽을 향하는 벽감)

그림 1-14 중심탑주 조형물 이 석굴 중심기둥 남쪽 면 위층의 벽감에는 사유보살이 있고 양측에는 보살입상이 있다. 아래층 둥근 아치형 벽감 안에는 석가의 선정상이 있고 밖에는 공양보살이 있으며, 기둥벽에 공양보살의 영소가 붙어 있는데, 현존하는 모가오굴 중 영소(浮塑)가 가장 많은 석굴 중 하나이다. (북위北魏, 260번 모가오굴. 중심탑주에서 남쪽을 향하는 벽면)

지식베이스

● 본생本生

범어 Jātaka의 역문으로서 음역하면 자타카, '본기本起', '본연本緣'이라는 뜻이다. 불교에서 석가는 여러 세상에서 민생과 같은 삶을 살았는데, 선악의 응보로 6도六道의 고락을 받으면서 죽음과 삶을 끝없이 되풀이하였다고 한다. 그가 성불할 수 있었던 것은 세상을 수없이 윤회하면서 확고한 신념으로 목숨을 바쳐 세상을 구제하고 시주로 내는 재물로 많은 사람들을 구제한 것과 수행을 견지하고 꾸준히 법도를 익힌 경력이 있으며 '6도'를 전부 익혔기 때문이었다. 본생은 부처가 이전 세상에서의 수행고사를 서술한 것이다. 팔리문으로 된 『소부小部』 중의 일부분인 『본생경』에서는 석가가 전생에 국왕, 브라만, 상인, 여인, 코끼리, 원숭이 등 많은 생령들을 위하여 수행하고 공덕을 쌓으면서 불교의 기본적인 교리를 널리 알렸다고 한다. 이 외에 일부 부처들이 제자와 동물들의 과거 세상의 이야기들을 서술한 것을 '본사本事'라고 하였는데, 범어로는 itivṛttaka이고 음역하면 이티붓타카이며 부처의 본생고사에 속한다. 인연因緣은 범어로 nidāna이며 음역하면 니타나이다. 즉 세상 사물이 생겨난 원인과 기연機緣(기회와 인연, 부처님의 교화를 받을 만한 인연의 기틀)을 의미이다. 불교가 대중들에게 생사윤회와 인과응보에 관한 사례들을 이야기한 것과 중생을 교화한 것을 서술한 것이다.

3. 왜 북위의 석굴에는 석가의 고행상이 있는 것일까?

모가오굴의 초기 석굴 중 현존하는 고행상(苦修像)은 일곱 기가 있는데 대부분이 중심기둥 아래층의 측면 혹은 뒷면에 위치하고 있다. 그중 가장 대표적인 것이 248번 석굴 중심탑주에서 서쪽을 향한 석가상이다.

248번 석굴은 북위 후기에 만들어진 것으로 중심기둥의 4면에 벽감이 하나씩 만들어져 있다. 정면 벽감에는 결가부좌를 한 여래상이 있고 벽감 밖에는 보살입상이 있다. 고육계高肉髻를 한 여래는 맑고 깨끗한 얼굴에 몸에는 통견通肩가사[31]를 걸치고 가부좌를 튼 채 대범하게 앉아 있다. 옷깃은 석청색에 무늬는 조밀하고 가슴 앞에서 'V'자 형태로 표현된 매끈한 곡선은 상승하는 느낌을 준다. 오른손은 위로 들고 왼손은 무릎 위에서 앞으로 향하는 시무외인과 여원인與願印[32]의 자세를 취하고 있는데, 이는 석가모니가 설법할 때 흔히 볼 수 있는 수인 手印이다. 두 다리는 가부좌를 틀어서 허리 부분과 삼각형을 이루고 원형의 연꽃좌대에 앉아 있어 위엄과 온화함을 느끼게 한다. 머리에 쓰고 있는 앙월관仰月冠은 페르시아 은화에서 왕관의 형태로 최초로 발견되는데, 바미안 석굴에 있는 시따퍼톈징(西大佛天井) 보살상의 머리에도 앙월관이 나타난다. 이것은 모가오굴의 불상이 북조 시기 페르시아 예술의 영향을 받은 것이라는 증거이다.

그림 1-15 **석가모니고행상**(2세기, 간다라 출토)

---

31 양 어깨를 모두 덮은 가사. 가사를 입는 방법에는 편단우견偏袒右肩과 통견의 두 가지가 있다.
32 모든 중생의 소원을 들어준다는 의미의 결인結印으로 오른손의 다섯 손가락을 펴서 밖으로 향하여 드리운 모양.

그림 1-16 석가모니상
고요한 표정에 붉은 통견가사를 입고 오른손은 시무외인을 취한 채 둥근 연대 위에서 결가부좌를 하고 있다. 손가락은 가늘고 길면서 유연한 모습이며 옷무늬는 세밀한 음각선으로 표현하였고, 벽감 안쪽으로는 배광과 협시보살이 그려져 있다. (북위北魏, 248번 모가오굴, 중심탑주에서 동쪽을 향하는 벽감)

그림 1-17 석가모니고행상 쌍수벽감 내에는 석가모니가 6년 동안 보리수 아래에서 고행하는 정경의 조형물이 있다. 깊이 패인 눈의 석가는 뼈만 앙상하게 남아 있지만 통견가사에 양손은 선정인을 취하고 결가부좌를 하고 있다. 강인한 성격으로 평안하게 선정에 들어간 모습을 훌륭하게 표현하였다. (북위北魏, 248번 모가오굴, 중심탑주에서 서쪽을 향하는 벽감) ▶

고행상은 쌍수벽감 안에 모셔져 있다. 보리수 아래에서 성불에 이른 석가모니를 보여 주기 위해 쌍수벽감을 고행 장소로 표현한 것이다. 석가는 양쪽 목깃이 아래로 드리운 통견가사를 입고 있으며, 가부좌를 틀고 앉아서 두 어깨는 평평하게 하여 양손은 복부의 앞에서 포개 놓는 선정인禪定印 자세를 취하고 있다. 물결 모양의 머리는 고육계를 하고 있고 흉골은 뚜렷하게 드러나 있다. 얼굴은 야위었으나 강인하고 원기가 있어 보인다. 살포시 뜨고 있는 두 눈은 무엇인가를 명상하듯 앞쪽을 내려다보고 있고, 굳게 다문 입과 돌출된 아래턱은 고행하는 석가모니의 확고한 신념과 비범한 의지를 나타낸다. 이는 모가오굴에 있는 고행상 중 가장 걸출한 작품이다.

모가오굴의 초기 석굴에는 비교적 많은 양의 고행상이 나타나는데, 초기 단계 석굴 벽화에서 흔히 볼 수 있었던 석가의 본생고사, 불전佛傳고사, 인연고사 등의 유행과 관련이 있다. 불교는 우상偶像을 가지고 있는 종교이기 때문에 어떤 이는 불교를 '상교像敎'[33]라고도 한다. 비록 모가오굴은 룽먼 석굴처럼 많은 양의 불상을 만든 기록이 남아 있지 않아서 그 당시 불교사상의 발전과 민중신앙의 경향을 파악할 수는 없지만, 초기 단계의 여러 가지 본생 불전과 인연고사에 관한 벽화 또는 벽화와 주존 사이의 관계를 통해 중심탑주 4면의 여래조상이 대부분 석가모니상인 것으로 추정할 수 있다.

석가모니는 원래 고인도 카필라바스투Kapilavastu[34]의 왕자였다. 불경에 따르면 석가의 탄생·성장·출가 후의 고행·깨달음·열반에는 수많은 상서로움과 신비로움이 함께하는데, 그의 출가는 성년이 된 후 한 차례의 여행에서 시작된다. 어느 날 석가는 동남서북 문으로 나갔다가 사람들이 태어나고 늙고 병들어 죽는 모습을 보고는 제행무상諸行無常[35]을 실감함에 따라 해탈에 이르고자 인간세상의 모든 것을 버리고 가족을 멀리 떠나게 된다. 출가 후 석가는 6년 동안 하루에 깨 한 톨과 보리 한 톨(一麻一麥)을 먹으면서 가혹

---

33 형상을 만들어 교화하는 종교.
34 지금의 네팔 타라이Tarai 지방으로, 석가모니가 태어난 곳.
35 '모든 것은 항상 변한다'는 뜻.

그림 1-18 협시보살 타원형 얼굴에 앙월보관을 쓰고 아래를 주시하고 있는 두 눈과 합장을 하고 있는 두 손에서 차분하고 경건함이 느껴진다. 목 아래로 세 줄의 주름이 있고 각화법刻畵法으로 표현된 옷무늬는 간결하면서도 경쾌하다. 북위 말기 대표적인 보살조형물 중의 하나이다. (북위北魏, 248번 모가오굴. 중심탑주에서 서쪽으로 나 있는 쳑감의 남측 부분)

한 수행을 하였지만 진제眞諦[36]에 대한 깨달음을 얻지 못하자 고행을 포기하고 중도中道를 취함으로써 마침내 득도에 이르게 된다. 소위 말하는 중도는 무슨 일이나 적정해야 하는 것으로 고행 수행을 하지 않을 뿐만 아니라 수행을 게을리 하지도 않는 것을 말하는데, 원시불교에서 말하는 사제팔정도四諦八正道[37]가 그것이다. 석가가 깨달음을 얻고 부처가 된 것은 그가 경험한 6년 동안의 가혹한 수행과 밀접한 관계가 있다. 이런 이유로 고행은 석가 생애의 중요한 사적事迹의 하나로서 그의 탄생, 녹야원鹿野苑[38] 설법, 열반과 함께 네 가지 상相을 이룬다. 불교사상의 발전과 불상이 끊임없이 성숙되면서 석가에 관한 사적 네 가지가 새롭게 추가되었는데, 미후헌밀獼猴獻蜜, 조복취상調伏醉象, 천불화현千佛化現, 삼도보계三道寶階가 그것들로, 이들이 합쳐져 8상도八相圖가 된다. 76번 모가오굴, 3번 위린굴(榆林窟), 1번 우거묘(五个廟) 석굴, 2번 안시 둥첸퍼둥(安西東千佛洞)에는 모두 석가의 8상도가 그려져 있다. 석가모니의 고행이 그의 사적에서 아주 중요한 역할을 하였기 때문에 많은 조형물의 소재로 사용된 것이다. 248번 모가오굴 중심탑주의 남북 양측에는 석가모니의 설법상이 있다. 불교의 석굴사원에서 석가모니의 설법상은 대부분이 녹야원에서의 모습으로, 부처가 된 후 행하는 최초의 설법이다. 248번 모가오굴에는 석가의 탄생과 열반에 관한 불상이 없는 관계로 석가의 4상도四像圖가 완전히 갖추어져 있진 않지만, 이 불상들은 모두 그의 사적에 관한 내용들을 담고 있다.

---

36 '변치 않는 진리.' 진지眞智에 의하여 처음으로 알게 되는 진리인 멸滅을 가리킨다.(『한국고전용어사전』, 세종대왕기념사업회, 2001)

37 4제는 고苦, 집集, 멸滅, 도道. 8정도는 정견正見(있는 그대로 보는 것), 정사正思(올바른 사고방식), 정어正語(올바른 언어), 정업正業(올바른 행위의 실천), 정명正命(올바른 생활), 정정진正精進(올바른 노력), 정념正念[올바른 사념思念(마음으로 정확하게 들여다보는 것)], 정정正定(올바른 정신통일, 명상).(『문화원형 용어사전』, 한국콘텐츠진흥원, 2012)

38 석가모니가 도를 깨달은 후 처음으로 법륜法輪을 전하고 사제법四諦法을 이야기하였다는 곳.(오승은, 『서유기』 제10권, 솔출판사, 2004)

둔황의 제일

● 모가오굴 채색 조형물 중 제일 뛰어난 고행상

248번 모가오굴 중심탑주의 벽감에는 높이 0.91m의 석가모니고행상이 모셔져 있는데, 가부좌를 틀고 양손은 복부 앞에서 선정인의 자세를 취하고 있다. 석가는 고육계 머리에 얼굴은 야위어 있고 흉골이 뚜렷하게 드러나 있지만 원기가 왕성해 보여서 사람들로 하여금 자신도 모르게 부처에 대한 존경과 숭배의 감정을 갖게 하는데, 그런 이유로 이곳 채색 조형물 중에서 제일 뛰어난 고행상이라고 한다.

4. 왜 석가다보釋迦多寶를 『묘법연화경』 으로 해석하는가?

『법화경法華經』은 석가모니가 말년에 설법했던 내용을 정리한 아주 중요한 경전으로 대승불교 경전 중 최고로 인정받고 있다. 『법화경』은 세 가지 번역본이 있는데 하나는 축법호竺法護의 『정법화경正法華經』이고, 다른 하나는 구마라집鳩摩羅什[39]의 『묘법연화경妙法蓮華經』이며, 또 다른 하나는 승려 사나굴다闍那崛多와 달마급다達磨笈多가 함께 번역한 『첨품묘법연화경添品妙法蓮華經』이다. 이 중 가장 널리 알려지고 영향력이 제일 큰 것은 구마라집의 『묘법연화경』으로 북위 천사天賜[40] 3년(406)에 장안長安에서 번역된 후 서량 건초建初[41] 7년(411)에는 둔황에서 승려 홍승강弘僧疆에 의하여 다시 쓰였다. 이런 사실은 본 경전이 번역된 지 얼마 되지 않아 서쪽 지역인 둔황으로 급속히 전해졌다는 것을 의미한다.

259번 모가오굴은 북위 태화 시기(477~499)에 만들어진 것이다. 굴실은 사각형으로 중앙에는 중심탑주의 앞부분만 있는데, 여래설법상 두 기가 자리하고 있다. 아래위로 나뉜 양측 벽에는 망루형과 아치형의 벽감을 내었고 그 안에는 교각보살, 반교각사유보살, 결가부좌여래상과 의좌倚坐불상이 안치되어 있다. 주존불과 나란히 앉아 설법을 하는 듯한 모습으로 보아 이는 당

---

39 '구마라습'으로 읽기도 한다.
40 도무제道武帝의 네 번째 연호.
41 무소왕武昭王의 두 번째 연호.

그림 1-19 굴실의 조형물 서쪽 벽감 안에는 석가불과 다보불이 나란히 앉은 설법상이 있으며, 벽감 바깥에는 협시보살이 있다. 북쪽 벽 위층은 망루형 벽감으로 천궁을 표현하였으며, 아래층은 아치형 벽감이다. (북위北魏, 259번 모가오굴)

연히 『법화경』에 근거하여 만든 석가와 다보불多寶佛[42]일 것이다.

『법화경』에는 어느 날 석가모니가 설법하는 중에 다보탑이 공중으로 솟아올랐고 탑 안에서는 소리가 울렸다는 내용이 있다. 이때 한 보살이 "세존이시여, 어떤 연유(因緣)로 이러한 탑이 솟아오르면서 소리까지 울려 퍼지나이까?"라고 묻자 석가는 "이 보탑에는 국보정國寶淨이 있는데 그 안에 부처가 있고 그의 호는 다보이다."라고 답하였다. 그 후에 석가가 오른손으로 칠보탑의 문을 열자 다보여래가 사자좌獅子座 위에 앉아 있는 것이 보였다. 보탑 안으로 들어간 석가는 다보여래와 함께 『법화경』을 이야기한다.

259번 모가오굴에 있는 탑에는 석가와 다보가 물결무늬로 머리를 올리고 몸에는 한쪽 어깨를 드러낸 편단우견식 가사를 걸치고 있는데, 얼굴과 가슴 부분에는 언제인지는 모르겠지만 복원한 흔적이 남아 있다. 가사는 두텁지만 몸과 밀착되어 신체의 굴곡을 따라 부드럽게 늘어져 있다. 이 또한 간다라 불교예술이 모가오굴에 영향을 주었음을 보여 주는 것이다. 벽감 외부에 있는 보살은 머리에 삼면보관을 하고 상체는 드러낸 채 하체에는 치마를 입고 있는데, 표정이 유쾌하고 소박하면서도 고풍스럽다.

남북 양쪽 벽은 두 개 층으로 되어 있다. 위층의 망루형 벽감에는 미륵교각상과 사유상이 있다. 이 벽감은 천장 부분과 기왓골이 훼손되어 있는데, 그 부분부터 말뚝을 박아 넣은 후 풀과 흙을 덧발라서 만들었다는 것을 알 수 있다. 아래층 벽감에는 부처의 설법상과 의좌상 그리고 선정상이 있다. 그중 북쪽 벽면의 동측에 있는 선정상을 걸작이라고 평가하는데, 이 석가부처는 고육계 머리에 몸에는 통견가사를 걸치고 있다. 가늘고 긴 눈썹에 눈은 살짝 뜨고 있고 입가에는 한 가닥의 미소가 흘러나오는데 참선 중의 적막함

---

[42] '대보불大寶佛', '보승불寶勝佛', '다보여래多寶如來'라고도 번역된다. 『법화경』에 나오는 부처의 이름 중 하나로서 『법화경』의 올바른 도리를 증명하기 위하여 탑 안에서 나왔다고 한다. 『법화경』 「견보탑품見寶塔品」에 의하면 다보부처는 동방 보정세계의 교주였다. 그가 보살로 있을 때 자신이 성불하여 멸도한 뒤 시방세계의 『법화경』을 설하던 곳에는 하나의 탑이 솟아 나와 그 설법의 진리를 증명하리라고 맹세하였다. 석가모니가 『법화경』을 설할 때 칠보탑이 솟아올라 공중에 우뚝 서 있는데, 탑 안에는 다보여래가 사자좌에 입선정入禪定 자세를 취하고 앉아 석가와 자리를 함께하고 있다. 다보여래가 있는 탑을 '다보탑'이라고 부른다.

그림 1-20
석가, 다보 2부처 병좌幷坐상
두 불상은 한쪽 다리를 내린 유희좌遊戲坐를 하고 있다. 두 부처는 모두 오른쪽 어깨가 드러나는 양주식 가사를 입고 있다. 가사의 옷무늬는 조밀하면서도 유려한데, 이렇게 얇은 가사 안으로 육체가 드러나 보이는 느낌의 기법을 미술사에서는 '조의출수'라고 한다. 머리 부분은 후세 사람들에 의하여 보수되었지만 원형을 완전히 바꾸지는 않았다. (북위北魏. 259번 모가오굴. 탑주 서쪽의 벽감)

은 감지되지만 고행의 고통스러움은 전혀 느껴지지 않으며, 오로지 참선으로 도를 깨우치는 만족감과 희열만 느껴진다.

석가다보상은 인도에서는 찾아볼 수 없고 신장(新疆) 지역에서도 아주 드물게 발견되지만, 둔황과 그 동부 지역에서는 크게 유행하였다. 간쑤 장예 마티스(甘肅張掖馬蹄寺) 8번 챈퍼둥 중심탑주 아래층에는 석가다보불과 미륵보살이 같은 벽감에 있는 벽화가 있다. 빙링스(炳靈寺), 마이지산(麥積山), 산시 따퉁 윈강(山西大同雲岡), 허난 뤄양 룽먼(河南洛陽龍門), 궁셴(鞏縣) 등의 석굴에도 많은 양이 보존되어 있다. 이러한 조형물과 벽화들은 대부분 북위 시기 이전의 작품으로 북방 석굴사찰의 석가와 다보가 나란히 앉아 있는 설법상이 북위 이전부터 유행하였다는 방증이다. 또한 구마라집이 번역한 『묘법연화경』은 둔황 모가오굴을 포함한 북방불교에 많은 영향을 주었다는 것을 보여 준다.

그림 1-22 석가모니선정상
고육계 머리에 눈썹은 위쪽으로 휘어 있고 얼굴에는 미소를 머금고 있는데, 마음을 가라앉히고 깊은 사색에 빠져 있는 모습이 마치 선정으로부터 터득한 진리를 음미하고 있는 듯하다. 조형물의 눈동자는 구리조각을 박아 넣어 만들었고, 구불구불한 물결무늬의 머리는 음각선으로 표현하였다. (북위北魏, 259번 모가오굴, 북쪽 벽)

그림 1-21 석가모니선정상 아치형 벽감 내의 선정상은 북조 시기 모가오굴의 대표작 중 하나이다. 석가모니는 실 같은 눈썹에 눈길은 아래를 향하고 선정인을 취하고 있으며 통견가사를 입고 있는데, 음각선으로 옷 주름을 만들었다. 가슴은 풍만하고 소박하면서도 중후하다. (북위北魏, 259번 모가오굴, 북쪽 벽) ◀

5. 서위의 채색 조형물에는 어떤 양식이 나타났을까?

서위 시기의 석굴은 여전히 중심탑주형이 주류를 이루었지만 복두정覆斗頂이라는 새로운 형식이 나타난다. 복두정형 석굴은 예불자들을 위하여 널찍하고 밝은 공간을 두는 것인데, 수당隋唐 시기(581~907)와 그 후 시대 석굴의 기본 형식이 되었다. 이 유형의 석굴 평면은 정방형이고 정면에 있는 벽에 벽감을 내어 불상을 앉히거나 벽감이 없이 불상을 만들기도 하였는데, 폭이 넓은 띠에 품이 큰 포의박대褒衣博帶식 옷차림과 의좌상이 이 시기 불상의 기본 형식이었다.

서위 시기에는 북위 말기에 유행하였던 편단우견식 가사를 입고 있는 주존상은 사라지고 맑고 깨끗하며(淸秀) 소탈한 조형 양식이 둔황에 전해졌는데, 우리가 일반적으로 말하는 '수골청상秀骨淸像' 또는 '포의박대'가 그것이다. 이러한 조형물은 얼굴이 맑고 깨끗하며, 신체는 편평하고 목은 가늘고 길며, 밖에는 통견가사를 걸치고 안에는 승지지를 입고 있는데, 옷깃이 서로 교차되어 있거나 비스듬히 걸쳐져 있고 가슴 앞으로는 띠를 하고 있다. 보살상은 상체를 반쯤 드러내고 허리에는 긴 치마를 둘렀으며, 천의天衣는 가슴 앞에서 교차하면서 가장자리는 뾰족한 삼각형을 이루고 있다. 한진漢晉 시기의 양식이 짙게 배어 있던 둔황이었기에 중원 지역으로부터 온 조형 양식을 어렵지 않게 받아들일 수 있었다. 따라서 이 시기의 조형물과 벽화는 자연스럽게 생동감과 기운이 넘쳐난다.

285번 모가오굴은 서위의 대표적인 석굴로서 대통 4년(538)과 5년에 만들어진 것이다. 석굴의 형태나 조형물의 양식, 벽화의 소재들은 모두 사람들의 이목을 집중시킨다. 이렇게 띠를 매는 형식의 승지지는 남조南朝 시대[43] 사대부들이 입는 일상복이었다.

432번 모가오굴은 서위 시기에 조성한 것이다. 중심탑주 벽감 밖에 있는 협시보살의 앞섶을 가린 엄금掩襟식 옷은 양쪽 어깨에서 'X' 자로 넓게 교차

---

[43] 420~589년 남북조南北朝 시기의 송宋·제齊·양梁·진陳 네 왕조를 합하여 부르는 명칭.

하는 천의로 구멍을 통해 끈이 나오는데, 이는 띠를 매는 양식인 승지지 연구의 관련 자료가 되고 있다. 이러한 복식이 불교의 석굴에서 나타난 것은 한족漢族 풍속의 영향이기도 하고 거꾸로 보면 중원 지역 한漢나라 땅의 불교가 둔황에 전해졌다는 유력한 증거이기도 하다. 그러나 북위 말기부터 서위 초기의 주존상에는 포의박대 형식의 복장이 나타났지만 보살상은 낡은 것과 새로운 두 가지 양식을 가지고 있다. 즉 북위 시기의 석굴에는 겨드랑이에 천의를 비스듬히 걸친 협시보살과 교차되게 걸친 보살이 있는데, 이는 과거의 양식과 새로운 양식이 둔황에서 함께 만나고 있음을 보여 주는 것이다.

수골청상은 인물의 형태에 대한 표현이며 포의박대는 인물의 복식을 가리키는 것이다. 평면예술인 그림으로는 왜소한 몸 위로 널찍한 옷에 볼륨감이 넘치는 허리띠를 하면 자연스럽고 품위가 있

그림 1-23 **협시보살(벽화의 일부분)** 맑은 얼굴에 포의박대를 하고 있으며 색채는 선명한 것이 남조 시기의 화풍을 갖추고 있다.(서위西魏. 285번 모가오굴. 북쪽 벽)

제1장 중원과 서역 예술의 만남 65

그림 1-24 비구선정상 외롭게 앉아 수행하고 있지만 마치 무엇인가를 깨달은 듯 미소를 머금고 있다. 복두의覆頭衣에 전상가사를 입고 있으며, 몸 뒤로는 삼각형의 등받이 그리고 그 양측에는 비구와 비천이 그려져 있다. 최초의 조형물은 손상되어 지금은 복원된 상태이다. (서위西魏, 285번 모가오굴, 서쪽 벽)

그림 1-25 중심탑주 조형물 중심탑주 정면의 아치형 벽감 안에는 석가의좌상이 있는데 석가모니가 입고 있는 통견가사는 복부 앞쪽을 감싸고 있으며 승지지는 끈으로 묶어 있다. 벽감 외부 양측에는 협시보살이 시립하여 있고 벽감 기둥은 연꽃잎으로 부조되어 있으며 벽감 들보의 양측은 용머리로 장식을 하였다. 위쪽 벽감 문미 안에는 인동문忍冬紋과 동자로 다시 태어나는 그림이 그려져 있고 맨 위쪽에는 공양보살의 영소影塑가 있다.(서위西魏, 432번 모가오굴. 중심기둥에서 동쪽을 향하는 벽감)

그림 1-27 중원 지역 양식의 옷을 입은 보살 타원형의 두광에 천의는 가슴 앞에서 교차시켜 입고 있으며, 허리에 두른 끈은 구멍을 통해 나와 있다. 두꺼운 옷은 온몸을 감싸고 있으며 방두리를 신고 있는데, 중원 지역의 복식이 둔황에 반영된 것이다. 보살의 왼쪽에 있는 벽감 기둥은 비단을 묶는 방식인 속백식束帛式으로 되어 있고, 들보의 끝부분에는 인동 문양이 장식되어 있다.(서위西魏, 432번 모가오굴. 중심기둥에서 북쪽을 향하는 벽감 외부의 동측) ▶

그림 1-28 협시보살 얼굴은 타원형으로 용모가 수려하고 천의에 긴 치마를 입고 맨발로 서 있다. 지금은 없어졌지만 아래로 드리워져 있는 오른손에는 물병을, 왼손에는 나뭇가지를 잡고 있었을 것이다. 약간 안쪽으로 기울여져 있는 자태와 밖으로 향하고 있는 치마가 생동감을 느끼게 한다.(서위西魏, 432번 모가오굴. 중심기둥에서 동쪽을 향하는 벽감 외부) ▶

그림 1-26 협시보살 화관을 쓰고 미소를 머금고 있는 얼굴은 마치 청순한 소녀 같다. 천의와 각 부분의 장식은 온전히 보존되어 있고 색채는 산뜻하여 마치 새것 같다. 보살의 오른손은 가슴 앞에 놓여 있는데 원소圓塑(팔뚝 부분)에서 부조浮塑(손바닥 부분)로 넘어가는 수법을 사용하였다. 이러한 표현 방식은 무심히 보아 넘길 수도 있지만 조형물에 전반적으로 생기가 넘치게 한다. 벽감 들보를 장식하고 있는 용(龍首)은 한쪽 발로 벽감 기둥을 움켜쥐고 있고 다른 한쪽은 치켜들고 있으며 머리는 주존을 향하여 쳐들고 있어 여래의 설법을 귀담아 듣고 있는 듯하다.(서위西魏, 432번 모가오굴. 중심기둥에서 동쪽을 향하는 벽감 외부) ▲

제1장 중원과 서역 예술의 만남

어 보일 수도 있겠지만, 입체 조형물에서는 지나치게 왜소한 경우 바람이 불면 넘어질 것처럼 보인다. 석굴 같은 특수한 불교의 세상에서는 자칫하면 장엄함과 성스러움을 잃게 될 뿐만 아니라 호인胡人[44]들에게나 나타나는 거칠고 호탕함으로 둔황 민중의 심미관과는 현저한 차이가 있게 된다. 이러한 이유로 북주 시기 이후의 부처와 보살들은 벽화와 조형물에서 여전히 포의박대식 옷차림을 한 것을 볼 수 있지만, 수골청상의 조형물은 발전하지 못하였다.

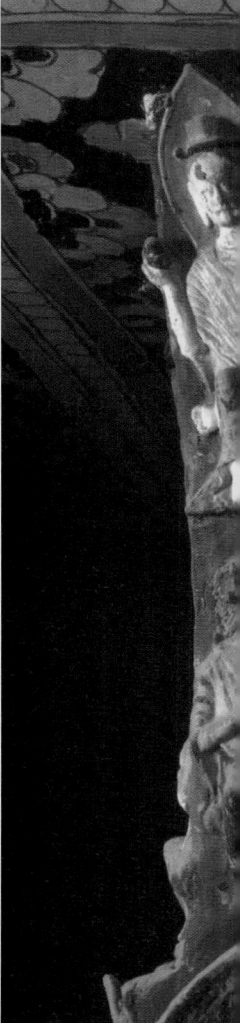

서위의 주존상은 체구가 크지 않은데, 보살들은 더욱 작다. 태화 시기의 조형 양식과 비교하면 형태에 대한 표현을 비교적 중요시하였다는 것이 큰 차이점이다. 주존의 옷무늬는 날카로운 마름무늬(棱形)로 진흙을 가지고 만들었다. 중심탑주에는 영소影塑[45] 천불도 있다. 보살상의 머리는 대부분 몰드로 제작하였는데, 중심탑주 보살상의 머리 뒷면을 보면 조각조각 분리된 몰드의 흔적을 볼 수 있다. 이는 몰드 조형이 이 시기에 광범위하게 응용되었다는 것을 말해 준다. 주존의 가사는 붉은색 흙을 많이 사용하였고 동시에 전상田相[46]가사가 출현하였으며, 육계 머리의 정수리는 감청색이었다. 노출된 피부는 흰색 가루나 육홍색肉紅色으로 염색하였고 옷, 치마, 천의 등은 석청색, 석녹색, 검은색을 많이 사용하였다.

---

44 북방의 유목민족과 서역의 사람.
45 영소는 조각예술의 하나로서 흔히 석굴, 사당 내의 주존을 부각시키기 위해서나 내용적인 보충 혹은 형식적인 장식으로 사용된다. 대표적으로는 천불千佛, 비천飛天 등이 있는데 골격이 있는 것과 없는 것 두 가지로 나뉜다. 일반적으로 점토·미세한 모래·섬유 등을 섞어서 조형물을 만드는데, 점토가 완전히 마르면 겉면을 광택이 나게 갈고 그 위에 칠을 하여 고운 빛깔을 낸다. 절벽 혹은 벽에다 만든다. 일반적으로 위가 두텁고 아래는 얇은데, 심지어 윗부분은 입체 조형물의 두께에 가깝지만 전반적으로 압축식의 예술적인 처리 과정을 거친다. 군상群像으로 만들어진 영소에 색을 입힐 때에는 균형과 대조, 변화 및 주위 배경과의 조화 등을 고려한다.
46 승복을 만들 때 세로로 꿰매는 것을 '수조竪條', 가로로 꿰매는 것을 '횡제橫堤'라 하는데, 이렇게 나뉜 모양이 밭과 같기 때문에 '전상田相'이라고 한다.(『종교학대사전』, 한국사전연구사, 1998)

그림 1-29 공양보살(影塑) 모두 통견가사에 손에는 연꽃을 들고 있거나 합장을 하고 있으며, 한쪽 다리는 정면을 향하면서 가부좌를 하고 있다. 벽감 문미 바깥의 화생化生하는 3보살은 문미에 그려져 있는 인동·연꽃 문양과 서로 호응하고 있다. (서위西魏. 432번 모가오굴. 중심기둥에서 동쪽을 향하는 벽감의 윗부분)

6. 모가오굴에서 가장 큰 중심탑주석굴은 어떤 기능과 특징들이 있을까?

중국 불교의 조형 역사에서 북주 시기는 아주 주목할 만한 시대이다. 북주 초기 명제明帝는 불교를 숭상하면서 유명한 승려들을 초빙하였고 그들의 수를 늘렸다. 그러나 무제武帝는 유교를 중시하고 참위讖緯[47]를 믿으면서 건덕建德[48] 3년(574)이 되자 불교와 도교를 멀리하고 사문도사沙門道士를 속세로 돌려보내도록 명하였는데, 이는 중국 역사상 두 번째로 큰 규모의 불교혁파 운동이었다. 무제 시기의 이러한 사회적 분위기로 인하여 중원 지역에는 이 시기의 불교 유적과 불교 조형물이 많이 남아 있지 않다. 그러나 뤄양(洛陽)과 멀리 떨어진 둔황에는 10년쯤 지난 뒤에야 이 운동이 전파되었다. 둔황 동쪽에 있었던 아육왕사阿育王寺와 대승사大乘寺는 바로 이 시기에 훼손되었으며, 석굴 형식인 모가오굴도 어느 정도의 영향을 받았다. 그렇지만 지리적으로 변경에 자리하고 있는 둔황까지 이 운동이 퍼질 즈음에는 그 기세가 이미 약해진 상태였다. 이런 사정으로 북주 시기의 석굴이 지금까지도 16개나 보존될 수 있었으며, 그중 428번은 이곳의 대표가 되고 있다.

428번 모가오굴[49]은 남겨진 조성기(造窟題記)나 발원문發願文이 없기 때문에 정확한 조성 연도는 알 수 없지만, 동쪽 벽의 남측에 있는 공양인상에 '비

---

[47] 미래의 일을 예언해 놓은 도참圖讖의 설, 혹은 참위사상讖緯思想을 말한다.(『한국고전용어사전』, 세종대왕기념사업회, 2001)

[48] 북주 무제 우문옹宇文邕(재위 561~578)의 세 번째 연호.

[49] 모가오굴에서 가장 큰 중심탑주형 석굴이다. 428번 굴은 북주의 대표적인 석굴의 하나이다. 전실前室에 있는 석굴 처마는 이미 훼손되었고 남·북·서쪽의 벽은 아직 보존되어 있으며, 오대五代 시기의 벽화가 그려져 있다. 통로에는 조의금曹議金 부자의 공양상이 그려져 있는데, 이로부터 전실은 오대 시기에 새롭게 보수하였다는 것을 알 수 있다. 주실主室은 온전히 보전되어 있고 너비는 10.8m, 길이는 13.75m이며, 총면적은 약 148m²이다. 석굴의 앞부분은 '人'자형으로 경사져 있고 뒷부분은 격자형 천장(平棋頂)이다. 뒷부분 중앙에는 네모난 중심탑주가 있는데 너비는 2.5m, 높이는 5.7m에 달한다. 탑주의 4면에는 모두 벽감이 있고 부처와 보살의 조형물이 들어 있다. 석굴의 네 벽에는 벽감을 만들지 않았으며 전부 벽화로 되어 있는데, 대부분이 북주의 작품이다. 이는 모가오굴에서 규모가 가장 크고 온전히 보전되어 있는 중심탑주형 석굴이다.

그림 1-30 석가모니 군상 벽감 안에는 석가의 좌상이 있다. 석가가 입고 있는 포의박대식 가사의 옷자락은 층층이 겹쳐져 있으며 승지자는 끈으로 묶여 있다. 벽감 바깥에는 협시보살이 있다. 벽감 기둥은 속백형이고 문미에는 인동과 화염 문양이 그려져 있다.(북주北周, 438번 모가오굴, 서쪽 벽)

구 경선比丘慶仙'이라는 제명題名과 창징둥(藏經洞)에서 출토된 문헌을 통해 유추해 보면, 건평 공 우의于義가 과주 자사로 있었던 북주 보정保定50과 건덕 사이(572~577)로 추정된다. 석굴은 규모가 아주 커서 면적은 178.38m²이고 1,198명의 공양인이 그려진 벽화가 있다. 이런 정황을 통해 이 석굴은 건평 공 우의와 둔황 및 그 주변에 있는 백성들이 함께 만든 대형 석굴임을 알 수 있다.

---

50 무제의 첫 번째 연호(561~565).

제1장 중원과 서역 예술의 만남

그림 1-31 제자 가섭
벽감을 의지하고 있는데, 모가오굴 최초의 가섭상이다. 왜소한 체구에 찌푸린 미간, 두드러진 흉골은 고행승려의 모습을 표현한 것이고 천진한 미소는 늙은 승려의 낙관과 넓은 도량을 보여 준다.(북주北周. 439번 모가오굴. 서쪽 벽)

그림 1-32 협시보살 풍만한 얼굴에 약간의 미소를 머금은 입꼬리와 미간 사이로 아이와 같은 모습이 넘쳐흐른다. 갈라 터진 목 부분부터 머리까지는 몰드 방식으로 제작되었다는 것을 알 수 있다.(북주北周. 438번 모가오굴. 서쪽 벽) ▶

그림 1-33 중심탑주 조형물 이곳은 모가오굴에서 가장 큰 중심탑주형 석굴이다. 중심탑주의 정면에는 아치형의 큰 벽감이 있고 안에는 석가설법상과 제자 아난과 가섭이 들어 있다. 벽감 밖에 있는 쌍수와 협시보살 부조는 석가모니가 보리수 아래에서 설법하는 것을 표현한 것이다. 다른 3면의 조형물은 정면 벽감의 것과 큰 차이가 없으며 색채는 나중에 다시 입힌 것이다.(북주北周. 428번 모가오굴)

그림 1-34 천불(影塑) 모가오굴에서 영소 천불이 가장 많이 보존되어 있는 곳으로 석굴 4면의 위층에는 1,098기가 있다. 천불은 몰드 방식으로 제작한 것이며, 통견가사를 입고 결가부좌에 선정인을 취하고 있다. 오른쪽 윗부분에 불명(佛名)을 쓴 편액이 남겨져 있다. 가사는 백, 홍, 청, 흑 네 가지 색을 규칙적으로 반복하여 칠하였다. (북주北周. 428번 모가오굴. 북쪽 벽의 서측 윗부분)

    석굴의 평면은 정방형으로 앞부분은 'ㅅ' 자형 천장이며 뒷부분 중앙에는 사각 기둥이 있는데 4면 모두 벽감을 가지고 있다. 색채는 산뜻하고 후세 사람들이 새롭게 덧칠한 부분은 선명하게 보인다. 그렇지만 조형의 기본은 북주 시기의 모습을 그대로 따르고 있다. 기둥 4면의 벽감에 들어 있는 조형물은 대체적으로 비슷하다. 동쪽 벽감 안팎의 조형물을 예로 살펴보면 벽감 안에는 결가부좌여래상이 있고 밖에는 나뭇가지를 골격으로 하는 한 쌍의 나무를 좌우에 조각함으로써 석가모니가 보리수 아래에서 성불하는 것을 표현했다. 석가모니는 통견가사를 걸치고 있는데, 앞가슴의 옷깃은 열려 있고 승

그림 1-35 석가모니와 제자 아난 석가모니는 질감이 묵직한 붉은 통견가사를 입고 있는데 가사의 옷깃은 삼각형으로 되어 있으며 계단식으로 옷무늬를 조각하였다. 벽감 안쪽 양측으로 제자 아난과 가섭이 벽에 기대어 있다. 총명한 아난과 노숙한 가섭은 생생하게 만들어져 마치 벽에서 뛰쳐나올 것만 같다.(북주北周. 290번 모가오굴. 중심기둥에서 동쪽을 향하는 벽감 내부)

그림 1-36 협시보살 화관을 쓰고 있고 얼굴은 풍만하며 양팔은 가늘고 길다. 천의를 걸친 상반신은 드러낸 채 치마를 입고 있다. 피부는 백색으로, 치마는 붉은색으로, 천의는 청색으로 묘사하였고 채색 그림의 형식으로 천의의 끝부분을 표현하였다. (북주北周. 290번 모가오굴. 중심기둥에서 남쪽을 향하는 벽감 외부의 서측)

지지는 왼쪽 어깨에서부터 오른쪽 옆구리까지 비스듬히 걸치고 있으며, 허리에는 끈이 없다. 가장 큰 특징이라면 초기의 여래상과는 달리 가사의 가장자리가 왼쪽 어깨에서 뒤로 넘어가 있지 않고 왼쪽 팔에 걸쳐져 있다는 것이다. 이렇게 가사의 끝단이 왼쪽 팔에 걸쳐져 있는 조형물은 432번(서위)·439번·442번·290번·297번 등의 석굴에서도 볼 수 있다. 중원과 남방 지역에서는 이러한 양식의 조형물이 일찌감치 나타났다. 쓰촨(四川)박물관에 소장되어 있는 남조南朝 제齊 영명永明[51] 원년(483)의 명불銘佛좌상과 16번·5번·6번·11번·13번 원강 석굴과 룽먼 석굴에 있는 랜화동(蓮花洞), 마이지산(麥積山) 석굴 등에서 어렵지 않게 볼 수 있다. 이것은 중원 지역에서 들어온 새로운 조형 양식이라는 것을 의미한다. 벽감 안쪽 좌우의 아난阿難과 가섭迦葉 두 제자의 입상은 안에는 승지지를 입고 밖에는 가사를 걸치고 있다. 벽감 밖에 있는 나무 아래에는 보살의 입상이 있는데, 머리에는 모두 보관을 하고 상체는 드러내 놓은 채 어깨에는 천의를 걸쳤으며, 하체에는 치마를 입고 맨발로 연대蓮臺 위에 서 있다.

북주 시기 조형물은 주존불상이 걸친 가사의 아랫부분이 두텁고 번잡스러운데, 안팎 두 겹으로 되어 있는 것이 특징이다. 승지지는 비스듬히 걸친 것과 가슴 앞에서 교차하는 두 가지 형식이 있지만 앞의 형식이 더 많이 나타난다. 끈은 있는 것과 없는 것 가운데 끈을 묶는 형식이 더 많다. 조형물은 대부분 방원方圓형 얼굴에 머리는 크고 키는 작으며, 두 어깨는 곧고 평평하며, 어깻죽지는 둥그런 모습이다. 두 손은 대부분 훼손된 상태지만 들어 올린 모습의 오른쪽 손바닥과 아래로 드리운 듯한 왼쪽 팔로 보아 원래는 시무외인과 여원인의 자세를 취한 것으로 추측되는데, 이 또한 북위 시기 이후에 나타나는 주존불상의 특징적인 인상印相이다. 보살상의 천의는 가슴 앞쪽에서 'X'자형으로 되어 있는 것도 있고, 어깨에 걸친 천의가 둔부를 감싸 돌아 가슴 앞쪽에서 'U'자형을 그리고 있는 것도 있다. 그러나 천의의 끝단은 북위 시기 원래의 표현 양식을 사용하였으며, 서위 시기의 뾰족한 삼각형 양식

---

51 남조 시기 제齊나라 무제武帝의 연호.

그림 1-37 신왕神王
사람의 얼굴에 두 개의 뿔이 있으며 어깨에는 날개가 있고 팔찌와 목걸이 장식품을 하였다. 가슴과 복부에는 선모旋毛가 나 있고 손가락은 네 개, 발가락은 두 개로 갈라져 있으며 팔을 치켜들고 하늘 높이 비상하면서 불법을 수호하고 있다.(북주北周. 297번 모가오굴. 서쪽 벽감 문미의 북측 부분)

그림 1-38 제자 가섭 찌푸린 양미간에 깊이 들어간 두 눈의 가섭은 얼굴에 미소를 머금고 입을 열어 말하려는 듯하다. 생생한 표정과 세부묘사를 생략한 표현수법은 장인의 예술적 경지를 보여 준다. 눈썹 위의 주름살과 목 아래 흉골은 붉은 흙색으로 묘사하였고 옷 무늬는 계단식 수법을 사용하였다.(북주北周. 297번 모가오굴. 서쪽 벽감 안의 북측 부분) ▶

제1장 중원과 서역 예술의 만남

은 사라졌다. 이 외에도 주존불상의 양측에 제자상(290번·297번·439번 등 석굴)을 둠으로써 1부처2보살2제자 형식의 5존상을 구성하였다. 부처의 좌우에 시립하고 있는 제자상의 경우 대부분 부처의 왼쪽에는 늙은 가섭이, 오른쪽에는 소년 아난이 자리하고 있다. 불상 뒤편, 즉 벽감의 뒤쪽 벽에는 여덟 명의 제자가 그려진 벽화가 있는데, 회화와 조형물을 혼합하는 방식으로 석가와 열 명의 제자를 표현하고 있다.

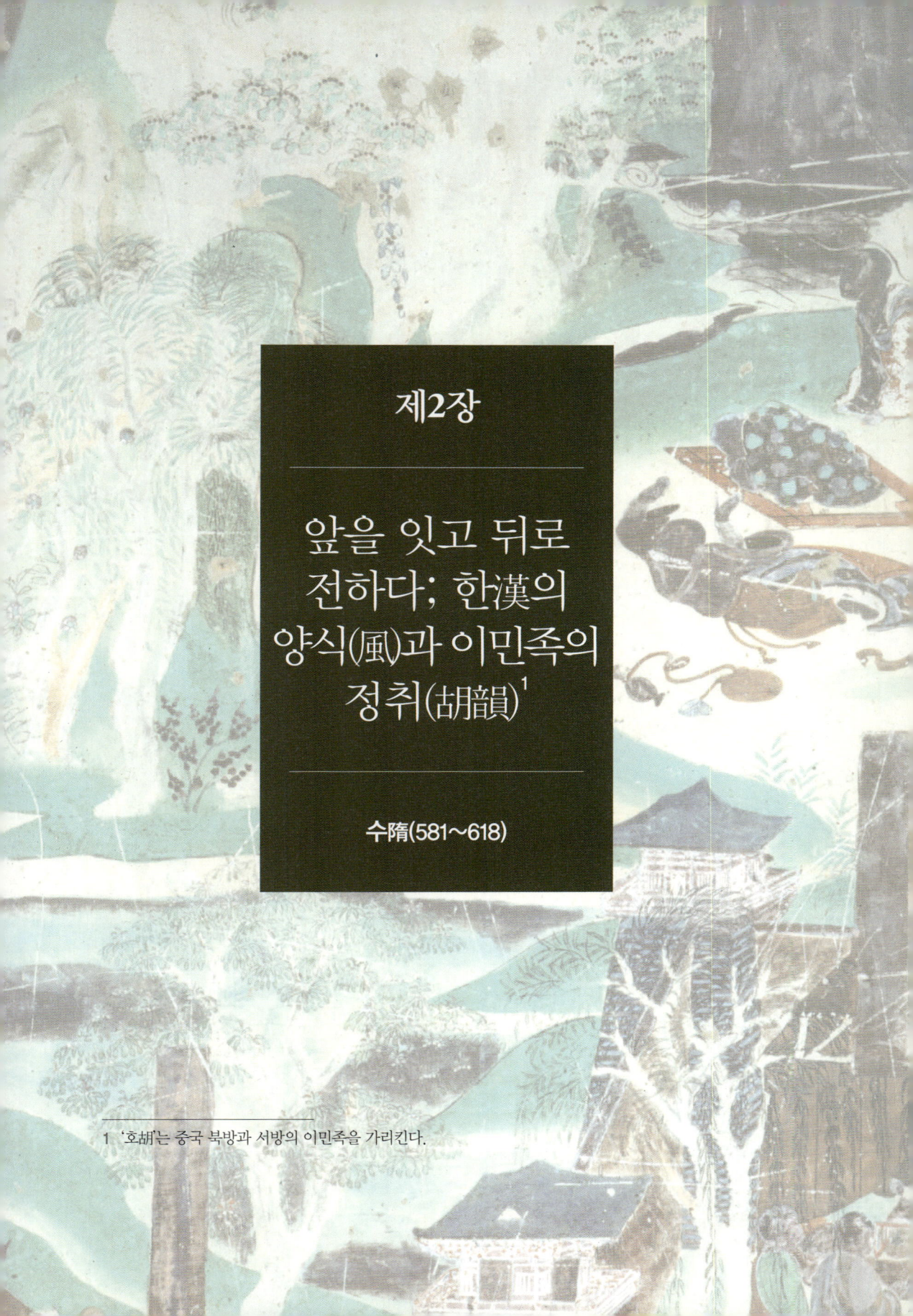

제2장

앞을 잇고 뒤로 전하다; 한漢의 양식(風)과 이민족의 정취(胡韻)[1]

수隋(581~618)

[1] '호胡'는 중국 북방과 서방의 이민족을 가리킨다.

개황開皇² 원년(581), 수 문제 양견楊堅은 거의 300년에 이르는 분열 국면을 매듭짓고 중국의 남북을 통일한 후 대외적으로는 문호를 열면서 하서와 서역 지역을 적극적으로 경영하였다. 대업大業³ 원년(605) 수 양제는 배구裴矩에게 둔황에 가서 호인胡人 상인들을 불러 모으라는 명을 내리면서 동시에 장예(張掖)와 우웨이(武威) 일대에서 성대한 교역회交易會를 거행하기도 한다. 수 왕조는 인구가 많고 물자가 풍부했으며 조정과 백성이 모두 환오歡娛했던 시대라는 것을 알 수 있다.

인수仁壽⁴ 원년(601)에 수 문제는 온 나라에 영탑靈塔을 만들라고 명함으로써 과주瓜州에는 숭죠스(崇敎寺)를 짓게 되는데, 이는 이 시기의 불교 숭상정책이 멀리 둔황까지 번져 있었다는 것을 보여 주는 증거이다. 이에 따라 37년이라는 짧은 기간이지만 수 왕조 시기에 만든 석굴은 무려 70~80여 개나 된다. 이 시기의 석굴은 대부분 사각형에 복두정이나 '人' 자형의 천장이었고, 조형적으로는 북조 시기의 양식을 계승하였을 뿐만 아니라 당나라 초기의 조형 발전에도 많은 영향을 주었다. 개황 연간에는 결가부좌상 외에도 입상이 출현하였고, 그 후에는 부피감이 강조되는 거대한 조형물이 나타나기도 하였으며, 이와 함께 천왕상天王像과 역사상力士像도 출현하였다.

---

2 수 문제隋文帝의 첫 번째 연호.
3 수 양제隋煬帝의 연호.
4 수 문제의 두 번째 연호.

1. 왜 수나라의 조형물을 승전계후承前啓後라고 하는가?

수나라는 중국 역사에서 겨우 37년간 존재하였지만 아주 중요한 왕조였다. 수 문제 양견은 거의 300년에 가까운 분열을 끝내고 중국 대륙을 통일하였다. 안으로는 균전제와 감세정책을 실시하였고 대외적으로는 하서와 서역 지역을 적극적으로 경영하였는데, 이는 당나라의 정치와 경제 그리고 문화에 전례 없는 번영의 기반이 되었다. 전국의 형세와 마찬가지로 모가오굴의 조성 활동도 승전계후의 시대였다.

이 시대의 둔황은 수 문제가 전국에 영탑을 세우라는 명을 내림으로써 일찌감치 과주瓜州에도 숭죠스(崇教寺)가 지어진다. 이는 당시의 숭불崇佛정책이 멀리 둔황까지 번져 있었다는 것을 보여 주는 증거이다. 이 시기에 모가오굴에는 모두 94개의 석굴이 만들어지는데 평균적으로 가장 많이 만든 왕조였다.

수나라 초기의 석굴 수는 비교적 적은 편이었지만 그 형태는 매우 다양하여 복두정석굴, '人'자형 천장석굴(坡頂窟), 수미산須彌山형의 중심탑주석굴 등 세 가지가 있었다. 이 시기의 조형물은 대부분이 후세 사람들에 의하여 다시 고쳐졌는데 1부처2제자2보살 형식의 조형 단위였다. 주존상은 의좌상과 결가부좌상이 각각 절반을 차지하는 가운데 부처의 선정상禪定像도 나타난다. 305번 모가오굴에는 『관불삼매해경觀佛三昧海經』[5]에 따라 만든 석가모니 중심의 4방불四方佛 조형물도 보이는데, 수나라 초기 관상수선觀像修禪의 신앙

그림 2-1 북제 백옥불좌상 선묘화[뤼원쉬(呂文旭) 그림]

---

[5] 총 10권 12품으로 구성된 경전. 부처를 볼 수 있는 선정에 잠겨서 정신을 가다듬어 부처의 모습과 덕을 생각하면 시방에 있는 부처들을 볼 수 있게 되며 부처님의 예언을 받게 된다는 점을 설법하고 있다.(진현종, 『한 권으로 읽는 팔만대장경』, 도서출판 들녘, 2007)

그림 2-2 **석가모니 군상** 벽감 안에는 석가모니와 제자 아난·가섭 상이 있고 불상의 배광과 다른 여덟 명의 제자는 그림으로 표현하였다. 제자상 바깥으로는 협시보살상이 있고 벽감의 들보와 기둥 그리고 문미는 부조로 만들었으며, 문미에는 화염 문양과 연꽃, 동자로 화생하는 그림이 그려져 있다. (수隋. 419번 모가오굴. 서쪽 벽)

활동이 여전히 성행하였다는 것을 알 수 있다.

　수나라 중엽이 되면서 석굴 서쪽 벽에도 벽감을 내어 굴실窟室을 만드는 형식이 발전하였으며, 동시에 많지는 않지만 굴실의 남·서·북 3면에 벽감을 내는 방식(419번·401번)도 출현하였고, 또 중심탑주식 석굴(427번·292번)도 함께 존재하였다. 벽감 하나에 '人' 자형 천장과 복두정 두 가지가 함께 있는 경우도 있어 그곳에는 1부처2제자2보살의 5존상이 들어 있다. 주존은 대부분 결가부좌를 하고 있으며 많지는 않으나 의좌상도 존재하고, 그 외에 일부 대형 입상도 만들어졌다. 조형물의 주제는 석가모니불, 미륵삼회[6]상, 삼세불三世佛,[7] 천왕 및 역사상 등으로 눈에 띄게 다양해졌다. 이 시대의 조형물은 북주 시기의 특징을 두드러지게 보이고 있다. 주존상은 대부분 머리가 크고 어깨가 넓으며 얼굴은 방원형이고 하체는 비교적 짧다. 보살은 머리에 꽃장식의 화만관花鬘冠을 쓰고 있고 상체는 드러낸 채 긴 치마를 입고 있으며, 천의는 몸의 양쪽에 드리워져 있거나 가슴 앞쪽에서 교차하는 등 조형물의 특징으로 보면 수나라 초기의 석굴은 북주 말기의 특징을 계승하고 있다. 419번 모가오굴은 이 시기의 대표적인 석굴이다. 서쪽 벽에는 사각형으로 큰 벽감을 내어 1부처2제자2보살의 5존상을 모셔 놓았다. 주존인 석가모니는 얼굴이 방원형이고 몸에는 전상가사를 입고 납작한 육계머리에 수미단에 편안히 앉아 있는데, 양쪽 어깨는 둥글며 긴 상체에 잘록한 허리, 다리는 가부좌를 하였으며, 오른쪽 다리는 왼쪽 다리 위에 놓여 있다. 품이 넓은 가사는 온 몸을 감싸고 있고 아래 끝단은 불좌 앞에서 'U' 자형으로 가지런히 정돈되

---

[6] 석가釋迦 다음에 이 세상에 출현할 미륵불彌勒佛이 용화수龍華樹 밑에서 3회에 걸쳐 행하리라는 설법. '용화삼회龍華三回'라고도 한다.(곽철환, 『시공 불교사전』, 시공사, 2003; 조기형·이상억, 『한자성어·고사명언구사전』, 이담북스, 2011)

[7] 삼세는 범어로 Trayo-dhvanaḥ이며 또 '삼제三際'라고도 한다. '세'는 '흘러가다'의 뜻으로 과거세, 현재세, 미래세의 총칭이다. 소위 말하는 삼세는 한 사람이 현재 생존하는 현세, 출생 이전의 전세, 생명이 끝난 후의 내세를 말한다. 삼세불은 과거, 현재, 미래의 세계에 있는 부처인 것이다. 과거불은 가섭불로서 사원의 조상造像에서 일반적으로 연등불燃燈佛을 가리키며 현재불은 석가모니불이고 미래불은 미륵불인데, 이 세 가지를 '수竪삼세불'이라고 한다. 또 다른 한 가지는 세 가지 불교세계의 부처를 말하는데, 동방 정유리淨琉璃세계의 약사불·사바娑婆세계의 석가모니불·서방 극락세계의 아미타불을 가리키며, 이 세 가지를 '횡橫삼세불'이라고 한다.

그림 2-3 제자 아난과 보살
풍만한 얼굴과 또렷한 눈썹의 아난은 가사에 끝이 네모난 방두리를 신고 있다. 화관을 쓰고 있는 보살은 인자한 미소를 머금고 물병을 들고 있는데, 상체는 드러낸 채 천의를 걸치고 긴 치마를 입고 연대 위에 서 있다.(수隋. 419번 모가오굴. 서쪽 벽감)

어 있다. 조형상으로는 상하이박물관에 소장되어 있는 북제北齊 시기의 백옥 불좌상이나 미국 빅토리아 주박물관에 소장되어 있는 같은 시기의 불좌상과 유사한데, 중원 지역 조형의 영향을 받았다는 것을 알 수 있다. 419번 모가오굴을 제외하고도 이와 비슷한 유형은 420번과 423번 석굴의 주존상, 그리고 427번 석굴 중심탑주의 남·서·북 3면의 주존상에서도 볼 수 있다. 주존

그림 2-4 제자 아난 아난은 '다문제일多聞第一'이라고 불린다. 볼륨감 있는 이마에 귀밑머리까지 휘어진 눈썹의 아난은 마음을 가라앉히고 깊은 생각에 빠진 듯이 앞을 주시하고 있다. 두 손으로 연꽃을 받들고 있으며 겉에는 가사를 걸치고 안쪽에는 끈으로 묶은 승지지를 입고 있다. (수隋, 419번 모가오굴, 서쪽 벽감)

그림 2-5 제자 가섭 가섭은 '두타제일頭陀第一'로 유명하다. 깊이 꺼진 두 눈에 이마와 콧등 그리고 두 볼의 가득한 주름은 고행승려의 평범하지 않은 인생 역정을 잘 표현하고 있다. 탁발에 주먹을 쥐고 격정적으로 연설을 하는 모습은 맞은편에서 입을 다물고 말없이 심사숙고하고 있는 아난과 뚜렷한 대조를 이룬다. (수隋. 419번 모가오굴. 서쪽 벽감)

그림 2-6 용머리 장식 벽감 벽감 들보의 끝부분에 있는 용 장식은 머리와 몸이 하나로 된 형상인데 역대로 벽감 입구의 중요한 장식으로 쓰였다. 청룡(蒼龍)이 머리를 들고 연꽃 기둥에 버틴 채 한쪽 발을 높이 쳐들어 아래턱을 받치고 있는 것이 내재된 힘을 보여 준다. 현실에는 없는 신수神獸이지만 생동감을 넣어 적절하게 표현하였다. (수隋. 419번 모가오굴. 서쪽 벽감 외부) ▼

그림 2-7 협시보살 화관을 쓰고 두 손에 버들가지와 물병(훼손됨)을 나눠 들고 있는 보살은 상반신은 드러낸 채 원환연주수렵圓環聯珠狩獵 문양이 그려진 치마를 입고 있다. 연주 문양은 페르시아에서 온 것으로 수나라 시대의 석굴에서 흔히 볼 수 있다. 이 석굴의 주존상이 입고 있는 승지지에도 원환저두圓環猪頭 문양이 나타나고 있는데, 이는 페르시아 지역의 여러 나라와 무역 등의 교류를 하였다는 방증이다. (수隋. 420번 모가오굴. 서쪽 벽감 외부) ▲

제2장 앞을 잇고 뒤로 전하다; 한의 양식과 이민족의 정취   93

그림 2-8 원나라 시대 둔황 벽화에 나타난 돼지머리의 바즈라바라히 Vajravārāhī

그림 2-10 석가모니 군상 벽감 안의 석가모니는 옷깃이 활짝 열려 있는 통견가사에 안에는 끈으로 묶은 승지지를 입고서 시무외인과 ○원인 자세를 취하고 있다. 벽감 안에는 거대한 두광, 배광, 화염 문양, 제자, 보살 들이 그려져 있다. 안쪽 벽감에는 들보와 기둥 부조가 있고 바깥쪽 벽감의 가장자리에는 연주 문양이 그려져 있다.(수隋. 420번 모가오굴. 남쪽 벽)

그림 2-9 석굴 내부 조형물 석굴의 서쪽 벽에 벽감을 내고 안에는 5존의 석가를 모셔 놓았다. 남북 양측 벽감 안에는 석가모니와 두 기의 협시보살이 있다. 모든 벽감 안의 조형물들은 잘 보존되어 있으며 색채는 새것처럼 선명한데, 수나라 시대 모가오굴 조형물의 대표작이다.(수隋. 420번 모가오굴)

의 좌우에는 아난과 가섭이 가사를 걸치고 발에는 검은 장화 혹은 끝이 네모난 방두리方頭履를 신고 있다. 이것을 보면 당시 둔황의 승려들도 동일한 옷차림을 하고 모가오굴에서 불공을 드렸을 것이라 쉽사리 추측할 수 있다. 제자상의 바깥쪽에는 협시보살이 있는데 두 보살 모두 머리에는 화만관을 하고 있으며, 관은 두 귀의 뒤편을 지나 가슴 앞까지 드리워져 있다. 얼굴과 가슴, 복부는 둥글고 피부의 느낌은 살아 있다. 이렇게 상반신은 풍만하고 하반신은 약간 왜소해 보이는 조형[8] 특성으로 보아 아직은 북조 시기의 양식에서 벗어나지 못하였다는 것을 알 수 있다.

420번 모가오굴에는 세 개의 벽감이 있다. 서쪽의 여러 층으로 된 큰 벽감에는 1부처2제자4보살이 들어 있는데, 주존인 석가모니는 수미단에 결가부좌를 하고 앉아 있고 수미단 가장자리는 구슬 문양으로 장식되어 있다. 뒤에는 두광頭光, 배광背光이 있고 위쪽은 불꽃무늬로 장식되어 있다. 양쪽 어깨는 약간 올라가 있고 오른손은 손바닥이 바깥을 향하게 들고 있으며 왼손은 수평으로 뻗어 있는데, 손바닥은 위로 향한 채 왼쪽 다리에 놓여 있다. 두 겹의 가사에 끈으로 묶인 승지지는 저두원환연주猪頭圓環聯珠[9] 문양으로 장식되어 있다. 저두원환연주 문양은 이란Iran의 한 지역에서 출토된 돼지머리 문양 주조판과 아프라시아브Afrasiab[10] 궁전의 벽화 및 아스타나Astana[11]의 돼지머리 문양의 비단 등에서 볼 수 있다. 또 수나라 시기 보살의 옷과 치마, 벽감의 가장자리는 연주聯珠 문양, 익사翼獅[12] 문양, 익마翼馬[13] 문양, 대마對馬 문양, 수렵狩獵 문양 등 페르시아의 문양으로 장식하고 있다. 이들은 모두 수 왕조가 통일 이후 서역의 많은 나라와 무역은 물론이고 적극적인 문화교류를 하고 있었음을 보여 주는 것이다.

---

8 重上身塑造 輕下身表現.
9 꿰어진 구슬이 돼지머리를 둘러싸고 있는 모양.
10 고대 강국康國의 도성이었고 수당 시기의 역사서에 나타나는 서역 지역의 나라이며, 지금의 사마르칸트 지역이다.
11 카자흐스탄의 수도.
12 날개 달린 사자.
13 날개 달린 말로 그리스 신화에는 페가수스Pegasus가 있고, 우리 문화에는 천마天馬가 있다.

2. 수나라 시기, 왜 미륵삼회상을 만들었을까?

이 시대의 조형물은 북주 시대의 특징을 분명하게 드러내고 있다. 만약 조형물의 역사라는 시각으로 본다면 수나라 초기의 석굴 몇 개를 북주 말기에 가져다 놓은 것이라 하여도 크게 틀린 말은 아닐 것이다.

427번 석굴은 수나라 중기의 가장 전형적인 대형 석굴 중의 하나이며, 각 시대의 모가오굴 중에서도 전·후실이 잘 보전되어 있고, 조형물도 전혀 손상이 되지 않았을 뿐만 아니라 보수를 하지 않음으로써 둔황 불교 조형사에서 특별한 의의를 가진다. 이 석굴은 개황 9년부터 대업 9년 사이(589~613)에 만들어진 것으로 전실 대들보에 북송 개보開寶[14] 3년(970)이라고 쓰여 있는 것으로 보아 송宋나라 조원충曹元忠 시기에 고친 것임을 알 수 있다. 주실主室 가운데에는 사각 기둥이 자리 잡고 있고 굴실 앞부분 천장은 '人' 자형인 반면 뒷부분은 평평한 천장으로 되어 있는데, 조형물의 규모는 아주 거대하여 전·후실에 모두 28기의 조형물이 들어 있다.

중심탑주의 정면에는 벽감이 없어 1부처2보살의 3존상이 벽을 의지하고 서 있으며 '人' 자형 천장 아래의 남북 양쪽 벽에도 동일한 크기에 동일한 양식의 3존상이 자리하고 있다. 이 세 무리의 3존상을 일부 학자들은 삼세불이라고 하는데, 필자는 미륵불의 삼회설법상이라고 생각한다. 둔황 석굴에서 삼세불을 표현할 때 일반적으로 부처와 보살을 구별하고 있고(244번), 미륵보살의 좌식을 다르게(158번) 표현하고 있다. 이런 기준으로 보면 427번 석굴의 3존상은 모두 여래입상으로 이들이 조형상으로는 아무런 차이가 없기 때문에 같은 양식의 미륵불 삼회설법상이라고 볼 수 있다. 불교의 교의에 따르면 인간으로서의 싯다르타Siddhārtha나 '깨달은 자'인 붓다Buddha로서의 석가모니 혹은 열반자涅槃者를 막론하고 모두 한 시대의 종결이며, 열반 이후에는 미륵불이 되어 하생설법하였다고 한다. 427번 석굴 전실의 열반경변涅槃經變[15]은 주실의 미륵삼회상과 함께 석가가 열반 후 미륵불이 되어 인간세계

---

14 태조太祖의 연호.

그림 2-11 **중심탑주석굴 조형물** 중심탑주 정면에는 벽감을 만들지 않았으며 3존의 미륵상은 벽을 의지하고 있다. '人' 자형 천장 아래의 남북 양쪽에도 동일한 형태의 조형물 세 기가 있는데, 미륵불이 미래세상에서 삼회설법을 하는 모습이다. 높이가 4m에 달하는 주존상은 현존하는 모가오굴의 불입상에서 가장 큰 것이다. (수隋. 427번 모가오굴)

인 염부제에 내려와 중생을 제도하는 모습이다.

 중심탑주 남·서·북 3면 벽감 안의 석가모니불 좌상과 두 명의 제자상은 중심탑주 앞면에 있는 세 무리의 조형물과는 완전히 다른 양식이다. 주존인 여래는 수미단에 앉아 있고 납작한 육계에 네모난 얼굴을 하고 있으나 이마는 넓지 않다. 입상의 표현에서는 두터운 어깨와 신체의 볼륨감이 사라지고, 단정하고 장엄하면서 수려함이 돋보이는데, 북제北齊 시대 조형물의 특징이 나타나고 있다. 제자상의 양식도 자못 특색이 있어 둥그런 얼굴·둥그런 어깨와 둥근 근육으로 아난을 표현하였고, 이와는 대조적으로 각진 턱에 덩어리 형태(塊面式)로 가섭을 표현함으로써 서로 다른 연령대의 제자를 성공적

---

15 불경을 토대로 한 모든 그림을 '경변經變'이나 '변상變相'이라 한다.

그림 2-12 협시보살 화관을 쓰고 연꽃 봉오리를 들고 있는 자태는 위엄이 있다. 얼굴과 팔의 얼룩은 원래 금박을 입혔던 흔적으로, 모두 긁어내면서 흰 바탕을 드러내고 있다. 걸쳐 입은 승지지에는 격자 문양에 사자와 봉황을 그려 넣었는데 페르시아 특유의 문양이다. 목걸이 등의 장식들은 몰드로 제작한 것이다. (수隋. 427번 모가오굴. 중심기둥에서 동쪽으로 향하는 벽감)

그림 2-13 미륵입상 북쪽 '人'자형 천장 아래에 있는 주존과 왼쪽의 협시보살에는 두광 부조가 있고 위에는 화염 문양이 있는데, 이는 다른 미륵조형물에도 원래는 두광이 있었다는 것을 설명하여 주는 것이다. (수隋, 427번 모가오굴, 북쪽 벽)

으로 만들어 냈다.

전실 남북 양측에는 각각 사천왕과 두 명의 역사상力士像이 있는데 동북쪽에 있는 천왕은 왼손을 받쳐 올리고 있다. 손에는 당연히 불탑을 들고 있었을 것이며, 비사문천毘沙門天[16]이라 생각된다. 이로부터 남쪽에 있는 것은 지국持國[17]천왕과 증장增長[18]천왕이고 북쪽의 다른 한 기는 광목廣目[19]천왕이라고 추정할 수 있다. 문의 양측에 있는 역사상은 드러낸 상체에는 천의를 걸치고 있으며 발은 산봉우리를 밟고 있다. 이러한 양식으로 표현된 사천왕과 역사상은 427번 석굴에서 가장 먼저 발견되었지만, 292번 석굴의 전실에도 두 기의 역사상이 있다. 이 시대의 다른 석굴에서도 동쪽 벽의 남북 양측에 사천왕 벽화가 있는데, 이는 석굴에 새로운 주제가 사용되었다는 것을 의미한다. 이 외에 수나라 시대 이전의 둔황 석굴에서는 보살의 입상을 발견할 수가 없다. 보살입상도 머리 부분은 무겁게 몸체는 가볍게, 상반신은 무겁게 하반신은 가볍게 표현하는 등 조형물의 골격은 중요시하지 않았다. 이 시대 역사·천왕의 어깨와 흉부 및 다리 근육의 표현과 볼륨 있는 신체의 변화는 둔황 조형 역사상 눈에 뜨이는 큰 발전이었다.

427번 석굴에 있는 사각형 얼굴과 넓은 이마의 미륵삼회상과 천왕상 그리고 역사상은 모두 북주 이후의 조형적 특징을 이어받았지만, 형태는 마투라 조형의 영향을 받았다. 마투라 조각상은 체형에 볼륨감이 있고 가사는 얇아서 신체 각 부분의 구조를 선명하게 볼 수 있는 것이 특징이다. 427번 석굴에 있는 3존입상의 가사는 얇고 가볍게 표현하지는 않았지만 약간 솟아오른 가슴과 두 다리의 윤곽 때문에 볼륨감이 충분히 드러나는데, 이전의 둔황 조형물에서는 볼 수 없는 표현이다. 부드러운 옷 주름은 북조 시기에 흔히 볼

---

16 Vaiśravana. 사천왕의 하나로 북방을 지키고 있다. 다문천多聞天으로 보탑을 지품持品으로 한다.(『미술대사전-인명편-』, 한국사전연구사, 1998)
17 사천왕의 하나. 수미산 중턱의 동쪽에 있는 지국천의 왕으로 중생을 두루 보살피면서 국토를 지킨다고 한다.(『시공 불교사전』, 시공사, 2003)
18 사천왕의 하나. 수미산 중턱의 남쪽에 있는 증장천의 왕으로 불법을 수호하면서 만물을 소생시킨다고 한다.(『시공 불교사전』, 시공사, 2003)
19 사천왕의 하나. 수미산 중턱의 서쪽에 있는 광목천의 왕으로 눈을 부릅뜨고 그 위엄으로 불법을 수호한다고 한다.(『시공 불교사전』, 시공사, 2003)

그림 2-14 **중심탑주의 석가 조형물 3존** 벽감 안에는 3존의 석가가 있다. 석가모니 불상은 육계머리와 선정인에 결가부좌를 하고 통견의 전상가사로 전신을 감싸고 있는데 좌석 앞까지 드리워져 있다. 배광은 세밀하게 그려져 있다. 양쪽에는 가섭과 아난이 가사를 입고서 합장을 하며 장화를 신고 연대 위에 서 있다.(수隋. 427번 모가오굴. 중심기둥에서 서쪽을 향하는 벽감)

수 있는 찰흙을 붙여 만든 것이 아니고 음각선陰刻線을 사용하였으며, 전신의 얼룩덜룩한 흔적으로 보아 원래는 모두 금박을 입힌 조형물(金像)이었을 것이다. 양쪽에 있는 협시보살의 승지지와 치마의 장식은 아주 복잡하고 세밀하며 사자 문양과 격자연주(方格聯珠) 문양은 페르시아의 영향을 받은 것이 분명하다. 주존과 비교하면 협시보살의 비례가 더욱 합리적인데, 약간 아래로 향한 시선·안쪽으로 잘록한 허리, 그리고 'S'형을 포기한 표현 방식은 부드럽고 아름다우며 안정된 느낌을 준다. 이는 둔황 석굴의 창건 이래 동서 각 지역, 각 시대의 장점을 종합하여 창조한 것으로 동방미의 특징을 갖추고 있다.

불교의 석굴사찰 조성 시 벽화의 전이모사轉移模寫나 소상 혹은 조각 작품들의 교류는 상대적으로 어려움이 많았을 것이고, 더욱이 둔황은 변방에 자리 잡고 있어서 더 많은 시간을 필요로 했을 것이다. 이 또한 새로운 양식이 둔황에 유입되기까지 30~50년 혹은 더 많은 시간이 걸리는 원인이기도 했다. 반면 이 시대 모가오굴에는 북제 양식과 마투라 양식이 짧은 시간 내에 출현하였는데, 이는 수 왕조가 통일 이후 불교를 대대적으로 장려하였고, 둔황과 중원 지역 사이의 교류가 한층 강했었다는 것을 말해 준다.

그림 2-15 제자 가섭 가는 눈에 곧은 코를 하고 입술은 꺼져 있으며 하악골이 튀어나왔고 이마와 입꼬리 그리고 눈가의 주름은 음각으로 표현하였다. 목덜미에는 후두정맥을 만들고 쇄골과 흉골은 돌출시켰다. 머리는 괴면塊面 형식으로 표현하였는데 아주 창의적이다. (수隋. 427번 모가오굴. 중심기둥에서 서쪽을 향하는 벽감)

그림 2-16 제자 아난 괴면식 표현 수법의 가섭상과 비교하면 아난의 조형은 '원圓' 자 표현이 두드러진다. 둥근 모양의 머리와 얼굴 그리고 두 어깨는 소년티를 벗지 못한 아난을 만들고 있다. (수隋. 427번 모가오굴. 중심기둥에서 서쪽을 향하는 벽감)

그림 2-18 지국천왕
전실에 있는 사천왕의 하나인 지국천왕은 수미산 동쪽에 살고 있는데, 손에는 기물을 잡고 있었던 듯하다. 장대한 체구에 비해 팔과 두 다리는 약간 왜소해 보인다. 모가오굴 최초의 사천왕상이며, 주실의 미륵삼회상과 마찬가지로 수나라 시대 조형물 연구의 귀중한 자료이다. (수隋. 427번 모가오굴. 전실 남쪽 벽) ▶

그림 2-17 증장천왕과 역사 증장은 사천왕 중 한 명으로 수미산 남쪽에 살고 있다. 화관에 주먹 쥔 손을 높이 쳐들고 있는 천왕은 또 다른 손에는 검을 잡고 있었던 듯하며 갑옷에 검은 장화를 신고 야차를 밟고 서 있다. 얼굴의 붉은색은 수나라 시대에 칠한 것이며 기타 문양의 장식은 송나라 시대에 다시 색을 입힌 것이다. 옆에서 부릅뜬 눈에 이를 보이고 있는 역사는 상반신을 드러낸 채 치마를 입고 산봉우리 위에 서 있다. (수隋. 427번 모가오굴. 전실 남쪽 벽) ◀

3. 수나라 시기에는 석가모니와 10대제자十大弟子를 어떻게 표현하였을까?

수나라 시대에 들면서 모가오굴은 조성 이래 첫 번째 번영기를 맞는다. 중심탑주식의 석굴은 점차 역사의 무대에서 사라지고 이를 대신하여 사각단일벽감(方形單龕) 형식의 석굴이 나타나는 가운데 일부 3벽감(三龕) 형식도 보인다. 사각단일벽감형 석굴은 중형의 규모가 대부분으로, 서쪽 벽에 사각형 혹은 아치형의 큰 벽감을 내고 천장은 '人' 자형으로 경사진 것과 복두정으로 되어 있다. 서쪽 벽감의 일부는 안팎 두 개 층으로 된 것도 있는데, 바로 복식벽감 혹은 쌍층벽감이다. 의좌상의 수량은 점차적으로 감소하였고 그 자리를 결가부좌상이 대신하였다. 주존의 양측에는 제자상과 협시보살상이 있고 복식벽감의 바깥층에도 동일한 보살입상이 자리하고 있다.

412번 모가오굴은 이 시대에 흔히 볼 수 없는 대형 석굴 중 하나이다. 석굴의 앞부분은 이미 무너진 상태이지만 남아 있는 천장 부분을 보면 이 석굴의 원래 형태는 사각복두정 형식이었을 것으로 추정된다. 석굴의 가로 너비는 6.5m로서 조성 당시 세로 길이도 6.5m였을 것이다. 주요 벽감은 복식형의 대형 벽감으로 안에는 석가모니좌상과 10대제자[20]상 그리고 2보살상이 있고, 벽감 외부에는 거대한 보살상 두 기가 있다. 지금까지 남겨진 모가오굴 유물 중 유일하게 석가모니와 그의 10대제자를 조형물 형식으로 표현한 석굴이다.

석가모니상은 얼굴이 방원方圓형이고 신체는 중후하여 볼륨감이 강하게 느껴진다. 제자들은 통견가사를 걸치고서 일부는 경건하게 설법을 듣고 있는 듯하고, 일부는 무슨 생각에 잠겨서 불법佛法의 현묘함을 음미하고 있는

---

[20] 석가의 제자 중 수행과 지혜가 뛰어난 열 명을 이르는 말. 사리불舍利佛(Sāriputra, 지혜제일), 목건련目犍連(Maudgalyayana, 신통제일), 마하가섭摩訶迦葉(Mahākaśyapa, 두타頭陀제일), 아나율阿那律(Aniruddha, 천안天眼제일), 수보리須菩提(Subhūti, 해공解空제일), 부루나富樓那(Pūrna, 설법제일), 가전연迦旃延(Kātyāyana, 논의제일), 우바리優婆離(Upāli, 지율指律제일), 나후라羅睺羅(Rāhula, 밀행密行제일), 아난 혹은 아난타阿難陀(Ānanda, 다문多聞제일)(『미술대사전-인명편-』, 한국사전연구사, 1998)

그림 2-19 석가모니불 두툼하면서 건장한 체형은 북주 시기 조형물의 특징을 잇고 있는 것이다. 가사의 아랫단은 불좌 앞에서 활 모양을 이루는데 저부조 수법으로 주름을 표현하였다. 양측에는 아난과 가섭 등 10대제자가 있다.(수隋. 412번 모가오굴. 서쪽 벽)

그림 2-20 제자와 보살
제자 곁에 있는 협시보살은 차분한 표정에 약간의 미소를 띠고 있어 온화하면서도 우아하다. 굴실 문이 없었으므로 석굴의 앞부분이 붕괴된 후 조형물들이 장기간 햇볕에 드러남에 따라 심각하게 퇴색되었다. (수隋. 412번 모가오굴. 서쪽 벽감 내부)

그림 2-21 **석가모니 군상** 서쪽 벽에는 2층의 아치형 벽감이 있는데 안쪽 벽감에는 석가모니와 제자 아난과 가섭상이 있고 바깥쪽 벽감에는 협시보살이 있으며, 그 외부 양측으로는 사유보살이 있다. 간결하고 명쾌한 수법으로 참신하면서 단아함을 표현하여 보는 이에게 신선함을 안겨 준다.(수隋. 417번 모가오굴. 서쪽 벽)

듯하다. 전반적으로 보면 석가의 장엄함, 제자의 경건함, 보살의 공손함 등이 아주 적절하게 표현되었다.

모가오굴에서 제자상은 북주 시기에 출현하였는데 이때부터 1부처2제자2보살 형식의 5존상이 만들어진다. 대부분의 석굴은 부처의 왼쪽에는 늙은 가섭, 오른쪽에는 소년 아난이 자리하고 있고, 일부분은 벽감 안에 다른 8제자들을 그려 넣기도 하였는데, 이것이 바로 벽화와 조형물을 결합하는 수법으로 석가와 그의 10대제자들을 표현한 것이다.

불경에 따르면 석가모니는 29세에 출가하여 6년간의 고행을 거쳐 35세에 법도를 깨달았고, 그 후 45년간 불법을 설파한 후 80세에 열반에 들었다고 한다. 그는 일생을 인도 곳곳을 누비고

그림 2-22 사유보살 유쾌한 표정에 한 손으로 턱을 받치고 사유하는 모습이다. '전제筌蹄'라는 이름의 허리가 잘록한 앙복련仰覆蓮(연꽃이 위로 향한 것과 아래로 향한 것을 함께 그린 문양)좌에 앉아 있는데, 의자는 지면 위가 아니라 서쪽 벽감의 밑면과 동일한 높이에서 공중에 걸려 있다.(수隋. 417번 모가오굴. 서쪽 벽감 외부)

그림 2-23 협시보살
보관의 관대는 길게 드리워져 있고 맑은 용모의 보살은 손에 불진拂塵을 들고 간결하고 소박하면서 호화롭지 않은 옷장식을 하고 있어 마치 온화하고 내성적인 소녀 같은 느낌을 준다.(수隋. 416번 모가오굴. 서쪽 벽감 내부)

제2장 앞을 잇고 뒤로 전하다; 한의 양식과 이민족의 정취 111

그림 2-24 **굴실 조형물** 굴실의 남·서·북 세 개의 벽에는 낮은 기단을 설치하고 그 위에 삼세불을 모셔 놓았다. 과거불 가섭과 현재의 석가모니 그리고 미래불인 미륵이다. 불상의 양측에는 제자와 협시보살이 있고, 네 개의 벽에는 과거의 여러 부처가 나무 아래에서 설법하는 모습이 그려져 있다.(수隋. 244번 모가오굴. 서쪽 벽과 북쪽 벽)

그림 2-25 가섭불 군상 과거불 가섭은 전상가사를 입고 연대 위에 서 있다. 가사의 끝단은 꽃잎으로 장식하고, 두광의 중심에는 연꽃이 그려져 있는데 꽃잎이 풍성하며 주변은 천불대千佛帶로 장식하였다. 협시보살의 두 팔은 훼손되었고 천의는 발 양옆으로 길게 드리워져 있다. (수隋. 244번 모가오굴. 남쪽 벽)

그림 2-26 석가모니 군상 석가모니는 나계螺髻머리에 가사를 걸치고 수미단 위에서 결가부좌를 하고 있다. 양측에는 아난과 가섭 그리고 협시보살이 있으며 제자들의 가사와 보살의 치마는 아주 섬세하게 그려져 있다. 당나라 초기 조형물의 특징을 가지고 있다. (수隋, 244번 모가오굴, 서쪽 벽)

다니면서 수많은 제자들을 교화하였다. 그들 중에서 가장 유명한 제자로 가섭·아난·사리불·아나율·목건련·부루나·가전연·우바리·나후라와 수보리가 있는데, 이들이 10대제자이다. 그들의 출신은 저마다 달라 일부는 브라만 가정에서 태어났고 일부는 왕실 귀족의 후손이었다. 그중 아난과 아나율은 석가모니의 사촌 형제였고 나후라는 아들이었다. 그들은 저마다의 장점을 가지고 석가모니와 함께 많은 곳을 누비고 다니면서 중생을 교화하였다. 그중 가섭은 불법에 정통하여 매우 높은 수양을 지니고 있었는데 제자들 중에서 으뜸이었다. 아난은 어린 시절 출가하여 석가모니의 사랑을 듬뿍 받았고 늘 석가모니와 동행하였으며 그의 설법을 가장 많이 듣게 됨으로써 '다문제일多聞第一'이라고 불리게 되었다. 석가모니 열반 후 아난은 가섭을 도와 제1차 불경의 결집結集[21]을 완성하였다. 이러한 이유로 둔황뿐만 아니라 다른 불교 석굴사찰에서도 석가모니의 양옆에는 늘 가섭과 아난이 자리하고 있다.

---

21 불교경전을 합송合誦 혹은 회송會誦, 편찬한 일. 석가모니는 살아 계실 때 오직 구두로만 '설법'을 전송傳誦하여서 문자로 기록된 경서는 없었다. 석가모니 입멸 후 제자들은 집회를 열고 구술 불경에 대하여 합송·선별·심사결정 등 체계적인 확정 과정을 거쳤는데, 이것이 바로 '결집'이다. 불교역사 자료에 따르면 모두 네 차례의 결집이 있었다고 한다. 제1차는 석가모니가 입멸한 해에 왕사성王舍城 교외에 있는 칠엽굴七葉窟에서 이루어졌는데, 가섭이 소집하고 주관하여 경經과 율律 2장二藏의 내용을 결집하였다. 제2차는 석가모니가 입멸 후 100년경에 계율 문제에 관하여 논쟁이 생기면서 장로인 야사耶舍가 비사리毘舍離에서 소집하고 율장律藏을 확정하였다. 제3차는 아육왕阿育王 시기 화씨성華氏城에서 소집되었는데 목건련자제수目犍連子帝須를 상좌로 하여 불법에 어긋나는 교리와 사상을 비평하고 고대 불교경전을 마지막으로 확정하였다. 제4차는 두 가지 견해가 있다. 하나는 북에서 전해진 불교의 기록에 따른 것으로, 카니슈카Kaniṣka 왕 시기에 협존자脇尊者 비구의 주도로 500인의 비구들이 카시미라Kaśmīra(지금의 카슈미르Kashmir)에서 한 결집이다. 또 하나는 남에서 전해진 불교의 기록에 따른 것으로, 기원전 1세기에 스리랑카의 아루비할라Aluvihara 사원에서 500인 비구들이 모여서 이루어진 결집인데, 최초로 팔리Pali문으로 3장三藏을 기록하여 책으로 편찬한 것이다. 이 외에도 남에서 전해진 불교와 관련된 결집은 또 다른 여러 가지 견해가 있다.

그림 2-27 협시보살 보주관寶珠冠을 하고 조금 아래를 바라보고 있는 보살은 미륵과 마찬가지로 인간 세상의 수많은 고난을 체득하고 있는 듯하다. 조각과 그림을 서로 결합하는 수법으로 표현한 머리, 석청색으로 그린 두 눈썹과 수염 그리고 백색으로 표현한 피부가 일종의 고귀함과 속세를 벗어난 느낌을 준다.(수隋. 244번 모가오굴. 북쪽 벽의 동측)

그림 2-28 협시보살 미륵 왼쪽의 협시보살은 244번 석굴 보살 중에서 가장 아름답다. 휘어진 눈썹과 가는 눈에 피부는 희고 깨끗하다. 약간의 곡선미를 가진 몸매는 당나라 초기의 조형 특징을 보이고 있다.(수隋. 244번 모가오굴. 북쪽 벽의 동측)

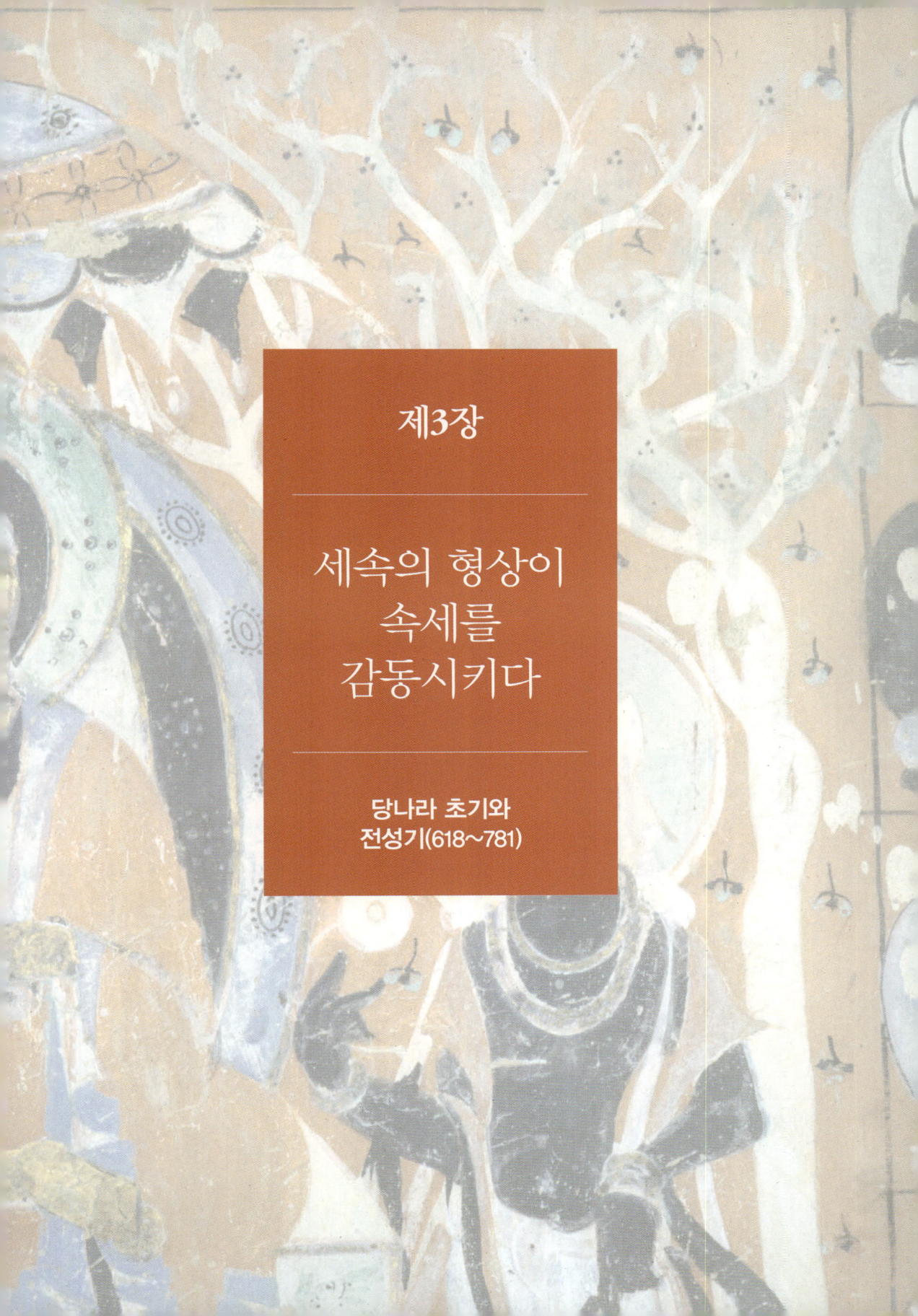

제3장

세속의 형상이 속세를 감동시키다

당나라 초기와 전성기(618~781)

당나라 초기, 하서 지역의 불안한 정국은 모가오굴의 발전을 가로막는 원인이 되었고, 조형물은 대부분 수나라의 구시대 양식을 그대로 따랐다. 정관貞觀[1] 연간(627~649), 장안長安과 뤄양(洛陽)으로부터 '정관 양식貞觀樣式'이 둔황에 유입되었는데, 이 시기의 조형물은 기세가 웅대하고 벽화는 눈부시도록 화려하다. 창징둥(藏經洞)에서 출토한 경서 중에서 함형咸亨(670~674),[2] 의봉儀鳳(676~679)[3] 연간에 손으로 베껴 쓴 사경寫經 30건은 모두 장안에서 둔황으로 전해진 궁전사경이다. 이는 당나라 초기 둔황의 불교를 중앙왕조의 세력이 주도하였음을 보여 주는 증거들이다. 이로 인하여 일반적인 벽감 조형물이나 거대한 조형물을 막론하고 모두 장안 조형물과 같은 발전 속도와 같은 양식상의 특징을 보이고 있다.

　　당나라 석굴의 조형물은 일체감이 강하며 일반적으로 서쪽 벽감의 정중앙에는 석가모니좌상이 모셔져 있고, 양측에는 아난과 가섭 두 제자 그리고 보살과 천왕이 각각 자리하고 있으며 벽감 안에는 보살과 10대제자 등의 벽화가 그려져 있다. 조형물은 대부분 실제 사람과 동일한 크기인데, 사실적인 기법에 색채는 화려하다. 무주武周[4] 시기 및 개원開元과 천보天寶[5] 연간에는 벽을 의지하여 만든 미륵 거상巨像이 출현하기도 하였다.

1　당 태종唐太宗의 연호.
2　당 고종唐高宗의 일곱 번째 연호.
3　당 고종의 아홉 번째 연호.
4　측천무후則天武后가 세운 왕조(690~705).
5　당 현종唐玄宗의 두 번째, 세 번째 연호. 개원은 713~741년, 천보는 742~756년.

1. 왜 당나라 초기의 모가오굴 조형물을 '정관 양식'이라고 부를까?

당나라 시대는 중국 봉건사회의 전성기로서 정치·경제·문화 등 각 분야에서 전례 없는 발전을 거두었는데, 모가오굴과 조형물 또한 번영의 시대를 맞이하였다. 거의 300년 역사의 당나라 시대는 모가오굴과 함께 200여 개나 되는 굴을 팠을 만큼 가장 많은 석굴을 조성한 시대였다. 이 시대의 석굴은 사각형 복두정이 주를 이루었고 대부분이 중형의 규모였다. 일반적으로 굴실 서쪽 벽에 구감口龕을 내어 1부처2제자2보살2천왕의 7존상을 모셨다. 일부는 벽감 밖의 양쪽에 사각 받침대를 설치하고 그 위에 각각 한 기의 역사상을 올려놓기도 한다. 조형물의 크기는 크지 않지만 사실적 기법에 색채는 화려하다. 이와 함께 96번과 130번 굴의 미륵상과 같이 높이가 34.5m와 26m에 이를 정도로 큰 것도 있다. 이는 당시의 막강한 정치력과 번성했던 경제력을 반영한 것이다.

당나라 초기의 하서 지역은 정치 상황이 불안정하여 모가오굴의 조성이 많지 않았고 석굴의 규모도 대부분 중소형이었으며, 조형은 수나라 시대의

그림 3-1 328번 모가오굴 주존상
[장리쥔(張力軍), 우쇼후이(吳曉慧) 그림]

그림 3-2 정관 13년 마주상馬周像 선묘화
(우쇼후이 그림)

그림 3-3 **석가모니 군상** 벽감 안에는 석가좌상 그리고 제자 아난과 가섭의 상이 있는데 협시보살 상은 이미 소실되었다. 안정된 비례의 석가상은 표정이 겸허하고 온화하며 제자상은 체구가 작고 얌전하여 마치 한 쌍의 천진난만한 동자와 같다. 조형물은 사실적인 수법으로 만들어졌고 신세대의 세속적인 취향을 반영하고 있다. 벽감 밖에는 '승상입태承象入胎', '야반유성夜半逾城' 벽화가 그려져 있는데, 조형물과 아름다운 조화를 이룬다.(초당初唐. 283번 모가오굴. 서쪽 벽)

양식을 답습하였다. 태종 시기에 들어서면서 둔황에는 장안으로부터 '정관 양식'이 유입되었는데, 220번 굴을 대표로 하는 한 무더기의 석굴을 조성한다.

220번 모가오굴은 정관 16년(642)에 조성되었다. 서쪽 벽감의 감실 안에 있는 1부처2제자2보살은 모두 후세에 보수되었지만 허리 아래 부분은 온전히 보존되어 있어 둔황 조형물을 연구할 때 표준양식의 근거가 되고 있다. 감실 중앙에는 한 기의 결가부좌여래상이 있고 양측에는 승려상이 있으며 북쪽에는 늙은 가섭, 남쪽에는 소년 아난이 있다. 승려의 바깥쪽에는 각각 한 기의 보살상이 있다.

'정관 양식'의 조형물은 초당 말기뿐만 아니라 당나라 전성기까지 깊은 영향을 미쳤다. 예를 들어 북위 시대의 주존은 대부분 의좌상이었다. 북위 말기의 248번 석굴에서 몸에 통견가사를 걸친 결가부좌여래상이 처음으로 나타났는데, 주존과 중심탑주 및 벽화의 상호관계를 보면 주존은 당연히 석가모니상이다. 이른바 좌법의 하나인 결가부좌는 여래가 좌선 혹은 설법할 때의 자세이다. 불경에 따르면 여래의 좌법에는 대체적으로 세 가지 형식이 있다. 한쪽 다리를 들어 다른 한쪽 무릎 위에 올려놓는 반가좌半跏坐, 오른발을 왼쪽 넓적다리 위에 올려놓은 다음 왼발을 오른쪽 넓적다리에 올려놓고 앉는 항마좌降魔坐, 왼발을 오른쪽 넓적다리 우에 얹어 놓은 다음 오른발을 왼쪽 넓적다리 위에 놓고 앉는 길상좌吉祥坐가 그것이다. 248번 석굴의 결가부좌상은 길상좌이고, 이와 반대로 220번 석굴의 여래상은 항마좌를 하고 있다.

모가오굴 220번 석굴에서 항마좌를 한 여래상이 처음 나타난 이후 322번, 초당 말기의 328번 석굴에서도 볼 수 있다. 328번 석굴의 주존상은 흠잡을 데 없이 보존되어 있으며, 색채 또한 새로 만든 것처럼 선명하고 아름다운데 초당 시대 항마좌여래상의 표준양식이라고 하겠다. 그러나 초당 시기 이전인 무평武平[6] 2년(571) 허베이(河北) 취양(曲陽) 슈더스(修德寺)에서 출토된, 2불이 나란히 앉아 있는 병좌상並坐像, 산둥(山東) 이두(益都) 퉈산(駝山)에서 발견된 수나라 시대 석불 및 미국 보스턴기술관에 소장된 수나라 개황 13년(593)의 조각상 등에서 일찍이 항마좌여래상이 보인다. 당나라 초기 시대의 작품인 일본 후지이유린칸(藤井有鄰館)의 가주상馬周像과 당나라 경운景雲[7] 2년(711)에 만들어져 일본 쇼도(書道)박물관에서 소장하고 있는 명불좌상銘佛坐像 역시 항마좌를 하고 있다. 당나라 정관 13년(639) 장안에서 만들어진 마주상의 여래는 나계螺髻[8]머리에 항마좌를 하고 있는데, 328번 석굴의 주존과 놀랍도록 닮아 있다. 오관五官,[9] 몸매, 두광頭光의 천불(328번 석굴 배광에 부조된 천불은 사라짐), 잔잔하면서도 거침없는 옷 주름의 표현마저도 아주 흡사하다. 그러나 형태적 표현으로는 328번 석굴의 주존상이 마주와 경운 두 조형

---

6 북제北齊 후주後主 고위高緯의 두 번째 연호.
7 당 예종唐睿宗의 첫 번째 연호.
8 소라 껍데기 모양으로 틀어 짠 상투.
9 오감을 맡는 기관器官. 눈, 코, 귀, 혀, 살갗.

그림 3-5 미륵삼회
중심탑주 정면에 위치하고 있으며 통견가사에 합장을 하고 연대 위에 서 있다. '人'자로 된 처마 밑의 남북쪽에 있는 세 기의 조형물은 미륵이 미래세상에서 행하는 삼회설법을 표현하고 있다. 비록 후세에 새롭게 색을 입히기는 하였지만 조형물의 얼굴과 체형은 초기 당나라의 원형을 여전히 유지하고 있다.(초당初唐. 332번 모가으굴. 중심기둥에서 동쪽으로 향하는 면)

그림 3-4 석가모니상 앞 장의 석가상을 근접 촬영한 것으로 육계머리에 가늘고 긴 눈썹의 고요한 얼굴은 자비와 사랑으로 인간미가 흘러넘치며, 마치 계율을 지키는 귀부인 같다.(초당初唐. 283번 모가오굴. 서쪽 벽감 내) ◀

그림 3-7 제자 아난과 보살 아난과 보살의 복식이나 소품 등은 모두 수나라 시대와 차이가 없으나, 화려한 옷차림이 이미 새로운 모습으로 변하였음을 보여 준다. 수려한 몸매를 가진 이 조형물들은 안정된 비례에 상당한 수준의 사실적인 기교를 나타내고 있다. 비록 나중에 새롭게 채색을 했지만 당나라 초기의 모습을 여전히 보이고 있다.(초당初唐. 57번 모가오굴. 서쪽 벽감 안의 남측) ◀

그림 3-8 제자 가섭과 보살 가섭의 표정은 평온하고 자연스러우며 오른팔이 드러나는 가사를 입고 있는데, 손은 나중에 복원한 것이다. 두광 내의 권초 문양은 아주 정교하게 그려져 있다. 보살은 머리를 왼쪽으로 돌리고 있으며 몸에 밀착되는 치마를 입고 있는데, 얇고 부드러운 비단으로 만들어졌다는 것을 알 수 있다.(초당初唐. 68번 모가오굴. 서쪽 벽감 안의 북측) ▼

그림 3-6 석가모니상 나계머리에 긴 눈썹과 눈 그리고 아래로 길게 드리운 귀를 가진 석가모니는 고요한 표정이지만 위엄 있는 자태이다. 피부에는 금박을 붙인 흔적이 있어 당시 조형물의 휘황함을 추측할 수 있다.(초당初唐. 322번 모가오굴. 서쪽 벽감) ◀

제3장 세속의 형상이 속세를 감동시키다 127

그림 3-9 제자 가섭 포만한 이마에 번득이는 눈빛 그리고 말없이 꼭 다문 입은 노련하고 신중하며 불교교리에 정통한 가섭을 표현한 것이다. 수나라 시대에는 일반적으로 뼈가 드러날 정도로 야윈 몸매와 미소를 머금은 표정으로 고행을 하는 그의 인생 역정을 표현하였지만, 당나라 초기에는 이전으로 되돌아가서 정신적인 것을 중시하였다.(초당初唐. 220번 모가오굴. 서쪽 벽감 안의 북측)

물에 비하여 훨씬 우수하다. 그러므로 장안에서 온 '정관 양식'이 둔황에 영향을 주었다고 말할 수 있으며, 게다가 그 영향은 신속하면서도 전방위적이었다고 볼 수 있다. 예를 들면 220번 석굴의 미륵타정토변彌勒陀淨土變·약사경변藥師經變 및 유마힐경변維摩詰經變 등 벽화의 소재와 표현 수법은 정관 시대 이전의 것과 비교하면 큰 차이를 보이는데, 이 시기에 중원 지역으로부터 새로운 양식이 둔황에 전해졌을 뿐만 아니라 전면적으로 침투하고 있다는 것을 설명하고 있다.

주존상 양측에 있는 아난상은 비록 비교적 많은 복원 과정을 거쳤지만, 유려한 옷무늬와 완벽한 몸매에서 초기 당나라 시대의 흔적을 볼 수 있다. 220번 석굴의 가섭상은 원작에 아주 가까운데, 비스듬히 걸친 승지지와 두 팔꿈치의 옷무늬가 일부 복원된 것 외에는 기본적으로 흠잡을 데가 없다. 찌푸린 두 눈썹과 뚫어지게 바라보는 두 눈에서 온갖 고난과 풍상을 겪은 확고한 신념의 노인 모습을 엿볼 수 있다. 이 한 무리의 조형물은 비록 복원이 있었지만 일체감은 훌륭하다. 드물기는 하지만 초기 당나라 시대 조형물로서 양식이라는 측면으로 보면 벽화와 마찬가지로 당나라의 모습을 잘 갖추고 있는 최고의 작품이라 할 수 있다.

그림 3-10 협시보살 신중한 표정에 화관을 쓰고 길게 드리운 관대를 한 보살상은 수나라 시대의 특징을 가지고 있다. 비스듬히 걸쳐 있는 승지만이 유일하게 당나라 초기의 비단끈으로 바뀌었다. 눈썹과 수염 그리고 몸의 장식품들이 약간의 녹색을 띤 것 외에 몸체는 육홍색으로 신중함과 함축성이 넘쳐흐른다. (초당初唐. 204번 모가오굴. 서쪽 벽감 밖의 북측)

그림 3-11 금강역사
찌푸린 눈살에 부릅뜬 눈으로 고함을 지르는 모습이다. 위로 치켜든 손과 아래를 향해 누르고 있는 손은 모두 주먹을 쥐고 팔을 휘두르고 있으며, 두 팔과 가슴 그리고 복부의 근육이 돌출되어 있는데 다소 과장되어 보이기도 하지만 한편으로는 합리적이다. 몸의 중심은 곧게 뻗은 오른발에 두고 있다. 휘두르고 있는 팔과 앞으로 내딛고 있는 왼발 그리고 휘날리는 치마는 서로 호응하면서 '동動' 자를 표현하고 있다.(초당初唐. 206번 모가오굴. 서쪽 벽감 외부) ◀

그림 3-12 제자 아난과 보살
주존의 양측에는 10대제자의 조형물과 벽화가 있다. 아난은 가사에 승지지를 입고 있는데, 가사의 아래쪽 끝단은 편평하며 권초 문양 장식이 있다. 보살의 땋아 내린 변발辮髮은 높이 솟아 있으며 띠 모양의 비단과 관대는 비스듬하게 걸쳐 있고 천의는 길게 드리워져 있다. 아난의 가사는 약간 변색이 되었지만 보살의 치마와 치마끈은 여전히 당나라 초기의 붉은색과 녹색을 유지하고 있으며 옷무늬는 물결 모양이다.(초당初唐. 322번 모가오굴. 서쪽 벽감 안의 남측) ▶

그림 3-13 북방다문천왕
투구에 갑옷을 입고, 검은 장화를 신고 있는 발로는 야차를 밟고 있다. 형태를 보면 이 시기의 조형물은 단순히 이전 시대의 것을 답습한 것이 아니라, 영웅이라는 우상의 형식에 얽매이지 않고 현실생활에 기초한 모습을 창조하였다는 것을 알 수 있다.(초당初唐. 322번 모가오굴. 서쪽 벽감 외부) ◀

그림 3-14 북방다문천왕
짙은 눈썹에 긴 눈, 오똑한 코와 두꺼운 입술 그리고 팔자수염 등 서역 호인들의 특징을 가지고 있다. 이것을 보면 당나라 시대의 군영에는 많은 호인 장수들이 있었다는 것을 알 수 있다.(초당初唐. 322번 모가오굴. 서쪽 벽감 외부) ▶

그림 3-15 석가모니열반상 얼굴은 풍만하고 평온하며 오른손은 머리를 받치고 발은 포갠 자세로 누워 있는데, 석가모니가 구시나성(Kuśinagara)에서 열반에 들 때의 모습을 표현한 것이다. 본래 배광의 위쪽에는 애도하는 제자와 많은 사람들이 있어야 하는데, 현재는 두 명만 있고 그마저도 나중에 복원한 것이다. (초당初唐, 332번 모가오굴, 서쪽 벽)

2. 누가 남대불상(南大像)과 북대불상(北大像)을 만들었을까?

모가오굴에는 두 기의 대불상이 현존하고 있는데, 하나는 96번 석굴로 지금의 9층 누각이고, 다른 하나는 130번 석굴로 남쪽 남단에 위치하고 있다.

96번 석굴 안에 있는 미륵의좌상은 그 높이가 34.5m에 달한다. 조성 당시 먼저 바위를 깎아 조형물의 대체적인 윤곽을 만들고 그 위에 점토를 바른 후 채색하여 만든 것으로, 소위 말하는 석태石胎 점토조형물(泥塑)이다. 굴의 바깥쪽 건축물은 석굴 안의 대불상을 완성한 후에 만들었고 불전佛殿의 3·5·7층에 창문을 하나씩 냈다. 조성 당시에는 석굴의 아랫부분(지금의 입구)에 있

는 매 층의 창문과 윗부분(대불상의 머리 위)에 여러 각도, 여러 층으로 창문을 만든 듯하다. 창문은 원래 모래와 돌을 밖으로 내보내려고 만들었던 것인데 후에는 예배자들이 바라보는 용도로 사용되었다.

156번 굴 전실의 북측 벽에 있는 「모가오굴기(莫高窟記)」의 "연재

그림 3-16 모가오굴 9층 누각
당나라 초기에 마애미륵대불상을 만들면서 외부에 5층 누각의 처마를 만들었다. 민국 시기에 9층으로 재건하면서 모가오굴의 대표적인 건축물이 되었다. (초당初唐, 96번 모가오굴)

延載¹⁰ 2년(695) 영은 선사靈隱禪師가 마조 거사馬祖居士 등과 함께 북대불상을 만들었는데 높이가 140척에 달한다."라는 기록이 바로 96번 석굴에 관한 내용이다. 창징둥 문헌에 있는 '대운사大雲寺'가 바로 96번 석굴이라고 생각된다. 그러나 오늘날의 북대불상은 민국民國 연간¹¹에 보수된 것으로 당나라 초기의 본모습은 잃고 있다.

그림 3-17 96번 모가오굴 미륵대불상의 옛모습

1924년 워너Warner가 둔황에 있을 당시 안치한 대불상 건축물은 5층으로 된 누각이었으나 청나라 말기에 누각 맨 꼭대기 부분이 둥간인(東干人)¹²에 의하여 훼손되면서 대불상의 머리 부분이 4층 위로 드러났다. 워너가 촬영한 사진에 따르면 조각상 정수리의 육계는 원래 물결치듯 곱슬거리는 파상발波狀髮인 것을 볼 수 있는데, 이는 뤄양 룽먼 석굴 펑셴스(奉先寺)에 있는 대불상과 비슷하다. 이 석굴은 문덕文德¹³ 연간(888)에 장회심張淮深¹⁴과 송宋나라 시대 초기 조원충曹元忠¹⁵

---

10 무측천武則天의 네 번째 연호.
11 1911~1949년.
12 후이족(回族)의 자손을 일컬음.
13 당 희종唐僖宗의 마지막 연호.
14 귀의군歸義軍 절도사.
15 사주沙州 사람으로 오말송초五末宋初 시기의 왕후王侯. 귀의군 정권의 창시자인 조의금曹議金의 아들이자 조원덕曹元德, 조원심曹元深의 아우이다. 후한後漢 시기의 정권에서 귀의군 절도사節度使, 초군개국후譙郡開國侯로 봉해졌고, 후주後周 시기의 정권에서 귀의군 절도사, 사주 절도사, 검교태위檢校太尉, 동평장사同平章事로 임명되었다.(『중국역대인물 초상화』, 한국인문고전연구소)

에 의하여, 또 서하西夏·원元·청淸대를 거쳐 여러 번 보수되었다. 그러나 보수는 건축물과 굴실 내벽에 한정된 것으로 조형물의 얼굴은 민국 연간까지 여전히 초기 당나라 때의 모습을 유지하고 있었다. 민국 연간에 현지인들에 의하여 조형물과 건축물이 전면적으로 보수되면서 원래 5층으로 된 누의 각 층 사이에 네 개 층을 더하였으며, 동시에 조형물에도 흙을 바르고 색을 입혔다.

130번 모가오굴은 역사적으로 '남대불상'이라 불리는데 96번 석굴과 비슷하고 석굴 안에 있는 의좌대불상도 미륵상이다. 이것은 높이가 27m에 달하는 석태 점토조형물이다. 「모가오굴기」에 따르면 "개원 중기에 승려 처언處諺과 마사충馬思忠이라는 마을사람이 높이가 120척에 달하는 남대불상을 만들었다."라고 한다. 또 석굴 내에서 발견된 수십 장의 비단 깃발과 이 석굴 통로의 남북쪽에 있는 공양인의 작품 제목에서 130번 석굴은 개원(713~742)에 시작하여 천보(742~756)에 완공하였고, 낙정괴樂庭瓌와 부인 태원太原 왕王씨가 함께 만든 것임을 알 수 있다. 석굴은 당나라 말기에서 서하 시대를 거쳐 여러 차례 중수되었지만, 시무외인을 한 왼손과 복부의 일부 흙칠을 제외하면 모두 당나라 전성기의 작품 그대로이다. 대불상을 인체의 비례로 보면 약간 불합리하지만, 좁은 공간에서 볼륨감이 넘치는 조형과 거대하고 위엄 있는 표정은 어긋난 비례감각을 충분히 완화시켜 준다. 이것을 보면 고대 예술가들은 이미 착시현상을 잘 이용하였을 뿐만 아니라 대형 조형물을 다루는 능력도 갖추고 있었다는 것을 알 수 있다.

둔황의 제일

● 모가오굴에서 제일 큰 불상

96번 석굴의 북대불상은 모가오굴에서 제일 큰 좌불상이다. 중국에서 제일 큰 불상은 쓰촨(四川) 러산(樂山)의 대불상으로 높이가 71m에 달한다. 쓰촨 룽셴(榮縣) 석각 대불상은 높이가 52m로서 두 번째로 큰 불상이며, 모가오굴의 북대불상은 세 번째에 해당한다. 그러나 점토로 빚은 불상만 보면 북대불상이 첫 번째이다.

그림 3-18 미륵대불상 높이가 34.5m에 달하는, 둔황에서 제일 큰 불상으로 '북대불상'이라 불린다. 당나라 사람이 기록한 「모가오굴기」에 따르면 무측천武則天 시기였던 연재 2년(695)에 만들어졌다. 외부에는 석굴 처마를 만들었는데 지금의 9층 누각이다. (초당初唐. 96번 모가오굴)

그림 3-19 **미륵대불상** 얼굴이 둥글면서 풍만하고 귀는 어깨까지 드리워져 있으며 아주 엄숙한 표정을 하고 있다. 석굴 입구 이외에 머리와 가슴 부분을 마주하고 있는 동쪽 벽에 두 개의 창문을 만들어 다른 높이에서 대불상의 자태를 바라볼 수 있게 하였다.(성당盛唐. 130번 모가오굴. 서쪽 벽)

그림 3-20 **미륵대불상** 높이가 27m에 달하여 '남대불상'이라 부른다. 대불상은 통견가사에 시무외인을 하고 있는데, 이 손은 후세에 복원한 것이며 왼손은 무릎 위에 평온하게 놓여 있다. 조형물은 석태니소로서 당나라 전성 시기 채색소상의 면모를 유지하고 있다.(성당盛唐. 130번 모가오굴. 서쪽 벽) ▶

3. 당나라 전성 초기의 가장 아름다운 점토조형물(圓塑) 군상은 어디에 있을까?

당나라 전성 초기에 만든 205번 모가오굴은 당나라 시대의 기타 석굴과는 달리 복두정을 한 중심불단형이다. '凹' 자형의 나지막한 불단은 현재 산시(山西) 우타이산(五臺山)에 있는 당나라 시대의 난찬스(南禪寺), 산시(山西) 핑야오(平遙) 우따이쩐궈스(五代鎭國寺)와 흡사하다. 위에는 1부처2제자·2반가좌보살·2공양보살과 당나라 중기에 만든 두 기의 천왕상이 있는데, 모가오굴에서 쉽게 볼 수 없는 환조丸彫(vollplastik) 군상의 하나이다. 비록 조형물이 외력에 의하여 훼손된 시기는 알 수 없지만, 여전히 당나라 시대 조형물의 아름다움과 옷치장의 화려함을 볼 수 있다. 연대蓮臺 위에서 결가부좌를 하고 있는 석가모니상은 심하게 훼손되어 있다. 등 뒤로는 가로로 덧댄 두 개의 나무가 돌출되어 있고, 위에는 장붓구멍이 나 있다. 이것을 보면 불상의 뒷부분에는 별도로 만든 배광이 있었음을 알 수 있다. 좌우에 서 있는 제자상의 가사 옷무늬는 앞뒤로 연결되어 있고 선명하면서도 유려하여, 그 위에 있는 산수山水 문양과 비단의 결마저도 뚜렷하게 볼 수 있다. 이는 이 시기 승려들의 옷 입는 방식과 비단의 염색공예를 이해하는 데 소중한 자료가 되고 있다. 보살의 얼굴과 팔은 많이 훼손되었지만, 감청색 머리에 갈색 피부를 하고 있는 자태가 씩씩하여 마치 영민하고 용맹스러우며 재기가 넘치는 청년 같은 모습으로 연좌 위에 앉아 있다. 연꽃잎 위로 솟아오른 치마는 가볍고 부드러우며 자연스럽다. 보살의 가슴, 복부, 등 부분의 근육은 구조가 뚜렷하고 피부는 매끄럽고 부드러워서 그 안의 골격마저도 볼 수 있다. 205번 석굴과 비슷한 것으로 203번 석굴에는 양주涼州 서상瑞像[16]이 있다. 전해지는 바에 의하면 북위 시대의 유살하劉薩訶라는 이름난 승려가 양주에서 예언하기를 산곡山谷에서 불상이 나타날 것이라고 하였다. 손에 가사를 잡고 서 있

---

[16] 상서로운 모양의 불상. 특히 우전왕優塡王이 처음으로 석가모니상을 단향목으로 만들었다는 전설상의 불상을 가리킨다.

그림 3-21 석가모니 군상 불단 위의 석가모니는 결가부좌를 하고 연대 위에 앉아 있다. 양측에는 아난과 가섭 그리고 협시보살과 공양보살 등이 있는데, 모가오굴에서 쉽사리 볼 수 없는 환조 군상의 하나이다. 적절한 비례에 정확한 구조로 사실적인 수법을 사용하였는데, 제자불상이 입은 가사의 비단무늬마저도 아주 섬세하게 표현하였다. 비록 손상은 심각하지만 당나라 전성기의 걸작으로 손색이 없다. (초성당初盛唐, 205번 모가오굴, 중심불단)

는 자세의 불상은 쿠샨Kushan 왕조[17]의 조각상을 떠오르게 한다.

328번 석굴의 서쪽에는 사각형 입구를 가진 대형 벽감이 있는데, 감실 안에는 1부처2제자2보살4공양보살이 있으나 유감스러운 것은 감실 북측에 있던 한 기의 공양보살상이 1924년에 워너라는 미국인에 의하여 도난당하였

---

17 기원 1세기 말부터 3세기 중엽에 서북인도와 중앙아시아를 통치한 왕조로 3세기 후기에 흥행하기 시작한 사산Sasan 왕조에 의하여 멸망하였다. 전성기 때의 영토는 오늘날의 타지크Tadzhik에서 카스피해, 아프가니스탄 및 갠지스강까지 길게 뻗어 있었다. 왕조의 창건자는 원래 중앙아시아 아무다리야Amu Dar'ya강 양안에 거주하던 인도유럽어계 토하리 민족과 전에 대월지(기원전 3세기경에 아무다리야강 유역에 터키계 또는 이란계 민족이 세운 나라)에 굴복하였던 쿠샨 촌락의 사람이다. 위치적으로 중앙아시아의 교통 요충지에 있고 동방의 동한東漢, 페르시아 사산 왕조, 서방의 로마제국과 모두 우호적인 외교관계를 유지하고 있었다. 문화적으로는 인도·중국·그리스·스룹스카 등 여러 민족의 문화와 서로 융합되어 있지만, 그중 그리스 문화의 영향을 제일 많이 받아서 간다라 미술을 만들어 냈다.

그림 3-22 협시보살 활기찬 몸매에 내민 가슴과 힘이 들어간 복부의 보살은 연좌 위에서 반가부좌를 하고 있다. 가슴, 복부, 등 각 부분의 구조는 합리적이며 근육은 선명하다. 가볍고 부드러운 치마는 허리와 다리를 감싸고 있으며 옷무늬는 자연스럽게 펼쳐져 있는데, 당나라 전성기의 특징이다. (초성당初盛唐. 205번 모가오굴. 중심불단)

다는 것이다. 다른 조형물들은 전반적으로 완벽하게 보존되어 있고 색채는 마치 새것처럼 선명하다. 주존은 나계螺髻머리에 얼굴은 길고 둥글며 가슴과 복부는 풍만하다. 결가부좌를 한 두 다리는 항마좌식을 하고 있고, 이와 비슷한 것으로 일본 후지이유린칸의 마주상과 당나라 경운 2년(711)에 만들어져 지금은 쇼도박물관에 소장된 명불좌상이 있다.

주존의 옆에는 아난이 몸을 기울인 채 복부 앞으로 팔짱 낀 자세로 서 있는데, 양손을 감싼 모습과 부풀어 오른 옷 주름으로 보아 양손을 면으로 만든 소매 속으로 포개 넣은 듯하다. 두 보살의 상투는 높이 틀어 올려져 있고 아름다운 눈썹에 가는 눈, 오똑한 코, 불그스

그림 3-23 **양주 서상**涼州瑞像 서쪽 벽에 벽감을 내고 중심에는 서상(상서로운 불상)을 두었다. 주변에는 절벽을 부조하였는데, 산이 갈라지면서 나타난 서상을 표현한 것이다. 서상은 산을 으지하여 서 있고 왼손에는 가사를 쥐고 있다.(초당初唐. 203번 모가오굴. 서쪽 벽)

름한 입술을 하고 무슨 생각에 잠긴 듯 감실의 아래쪽을 바라보고 있다. 상반신은 반나 상태로 가슴에는 장식물을, 손에는 팔찌를 하였으며 연대 위에서 반가부좌를 하고 있다. 이런 반가부좌보살이 모가오굴에서 유일한 것은 아니지만, 이처럼 아름답고 완벽하게 보존된 훌륭한 작품은 보기 드물다. 이 석굴 조형물의 양식은 이미 당나라의 전성시대와 맞닿아 있다고 하겠다.

그림 3-24 석가모니 군상
벽감 안에는 석가·제자·보살 등 다섯 기의 조형물이 있고 서쪽 벽에는 8제자가 벽화로 그려져 있으며, 벽감의 바깥쪽 양측에는 공양보살이 앉아 있다. 벽감 안의 조형물들은 전반적으로 온전히 보존되어 있으며, 오직 색채만이 후세에 다시 칠한 것이다. 아름다운 형태와 유려한 옷무늬 그리고 번잡한 옷의 장식품들은 너그러우면서 기품 있는 당나라 조형물의 기세를 보여 준다.(초당初唐. 328번 모가오굴. 서쪽 벽)

제3장 세속의 형상이 속세를 감동시키다 147

그림 3-26 보살과 제자 가섭 찌푸린 양미간에 두 눈을 살며시 뜨고 있는 가섭은 벌어진 입에서 고통에 찬 외마디의 탄식이 흘러나오는 가운데 합장 자세로 연대 위에 서 있다. 보살의 체형은 가늘고 길며 치마의 장식은 화려하고 색채는 아름답다.(초당初唐. 328번 모가오굴. 서쪽 벽감 안의 북측) ▶

그림 3-25 보살과 제자 아난 초승달 모양의 눈썹과 오똑한 코를 가진 아난은 두 손을 소맷자락 안에 넣은 채 부처의 오른쪽에서 공손히 몸을 기울인 모습으로 서 있다. 곁에 있는 보살은 고육계를 하고 푸른 눈썹에 실 같은 눈으로 생각에 잠긴 듯 내려보고 있는데, 연좌 위에서 반가부좌를 하고 있는 모습이 소탈하고 초연하기만 하다.(초당初唐. 328번 모가오굴. 서쪽 벽감 안의 남측)

그림 3-27 협시보살 머리에 두른 관과 얼굴은 잘 보존되어 있지만 팔은 훼손이 되었고, 목의 장식품과 팔찌는 아주 정교하게 만들어져 있다. 가슴과 복부의 근육 표현은 인체의 구조와 잘 맞는다.(초당初唐. 203번 모가오굴. 서쪽 벽감 안의 북측)

그림 3-29 **공양보살** 높은 상투머리에 상반신은 드러낸 채 치마를 입고 연대 위에서 호인들 방식으로 무릎을 꿇고 있다. 가슴 앞의 목 장식품이 약간 훼손된 것과 후대에 보수된 양손 이외의 부분은 온전히 보존되어 있다.(초당初唐. 328번 모가오굴. 서쪽 벽감 밖의 남측)

그림 3-28 **협시보살 측면** 초승달 눈썹에 가는 눈을 가지고 있으며 자태가 단정하다. 한 손을 내밀고 있는 모습이 마치 신도들을 깨우침의 길로 인도하는 듯하다.(초당初唐. 328번 모가오굴. 서쪽 벽감 안의 북측) ◀

제3장 세속의 형상이 속세를 감동시키다

그림 3-30 공양보살 통통한 얼굴에 아담한 체구의 보살은 붉은색 천의와 허리에서 묶은 치마를 입고 연대 위에서 호인들 방식으로 무릎을 꿇고 있다.(초당初唐. 둔황전시센터)

4. 어떻게 당나라 전성기의 사실적인 조형물은 사람의 마음을 뒤흔들 수 있는가?

신룡神龍[18] 원년(705) 모가오굴은 당나라의 전성기에 들어선다. 복두정 양식의 석굴은 이 시기의 기본 형식으로서 일부 삼감굴三龕窟, 대상굴大像窟, 열반굴涅槃窟, 중심방단굴中心方壇窟을 제외하고는 기본상으로 서쪽 벽에 대형 감실을 내고 1부처2제자2보살2천왕이라는 7존상을 모시고 있다. 개원과 천보(713~756) 시기 즈음에는 굴은 조성하였지만 벽화와 조형물은 만들지 않음에 따라 감실에 벽화만 그려져 있는 석굴들이 남아 있다. 항마좌를 하고 있는 모가오굴 주존상의 두 다리는 심하게 안쪽으로 향하고 있는데, 당나라 개원 14년(726)에 만들어진 41번 석굴과 46번·131번·384번 석굴 및 이와 동일한 시기의 산시(山西) 타이위안(太原) 톈룽산(天龍山) 석굴 조형물과 미국 하버드대학교 포그Fogg미술관에 소장된 좌상도 이것과 아주 비슷하다. 정관(627~649) 전후로 일본에 유입된 마주와 경운 두 조형물과 개원·천보 연간(713~756)의 톈룽산 조형물은 더 말할 필요도 없이 모두 당나라 초기와 전성기의 흐름을 보여 주는 대표작이다. 당나라 초기의 220번, 328번 그리고 45번 석굴의 조형물은 이러한 유행이 남겨 놓은 산물들이다. 이렇게 당나라 초기의 정관 양식을 계승하는 동시에 장안으로부터 들어온 새로운 표현 양식인 의좌상도 빠른 속도로 석굴에 출현하였다.

46번 모가오굴은 복두정에 연화조정蓮花藻井[19]인데, 네 개의 경사지붕과 4면의 벽에 모두 천

그림 3-31 개원 14년 불좌상 선묘화(우ㅎ후이 그림)

---

18 당 중종唐中宗의 연호.
19 연꽃무늬로 장식한, 중국 전통 건축물의 천장.

제3장 세속의 형상이 속세를 감동시키다 153

그림 3-32 당나라 전성기 석굴의 조형물
서쪽 벽에 벽감을 내고 일곱 기의 조형물을 만들어 두었다. 남쪽 벽에는 벽감을 길게 내어 석가열반상을 모셔 두었고 북쪽 벽에는 과거칠불상이 있다.(성당盛唐, 46번 모가오굴)

제3장 세속의 형상이 속세를 감동시키다   155

그림 3-33 남방증장천왕 튀어나온 이마에 씩씩거리는 코와 부릅뜬 눈의 천왕은 기세가 사납다. 금회화金繪花로 장식한 군장으로 더욱더 고귀하고 위엄 있어 보인다. 수염과 눈썹은 부조로 만들어 생동감과 깊이감이 있다.(성당盛唐. 46번 모가오굴. 서쪽 벽감 안의 남측)

그림 3-34 북방다문천왕 크게 노한 듯 입을 벌리고 허리를 짚고 한쪽 발로는 야차를 밟고 서 있다. 갑옷은 세밀하게 표현되어 있고, 색채는 조금 퇴색하긴 하였지만 여전히 금으로 장식한 흔적을 볼 수 있다. (성당盛唐. 46번 모가오굴. 서쪽 벽감 안의 북측)

그림 3-35 **북방다문천왕** 개성이 뚜렷한 외모에 얼굴 생김새는 엄격한데, 약간의 과장으로 용맹무쌍한 성격과 강렬한 카리스마를 강조하였다.(성당盛唐. 46번 모가오굴. 서쪽 벽감 안의 북측) ◀

그림 3-36 **수발타라** 석가열반상의 한쪽에 꿇어앉은 모습으로 복두의와 전신을 감싸는 가사를 통해 애도의 감정을 표현하고 있다. 꿇어앉은 두 무릎은 훼손된 상태이다.(성당盛唐. 46번 모가오굴. 남쪽 벽감 내부) ▶

불千佛이 그려져 있다. 정면에 벽감을 내고 안에는 석가모니상을 모셔 두었는데, 석가는 연화좌에 앉아 있고 양측에는 2제자2보살2천왕이 시립하고 있다. 남쪽 벽감에는 석가의 열반상을, 북쪽 벽감에는 7불 입상을 모시고 있다. 보살은 몸매가 우아하고 의상은 부드러우면서도 화려하며, 천왕은 위풍당당하고 위엄 있는데 선명하고 정교한 갑옷 등으로 당나라 전성기의 걸작으로 인정받고 있다.

384번 모가오굴은 전·후실로 구성된 석굴로 주실主室의 남·서·북 3면에 각각 하나씩의 벽감을 두었다. 서쪽 벽감 내에는 1부처2제자4보살2공양보살 그리고 천왕상(벽감 외부)이 있고, 남쪽에는 1의좌불依坐佛2보살, 북쪽에는 1부좌불趺坐佛2보살이 있다. 비록 각 벽감 안의 조형물들은 후세 사람들에 의

그림 3-37 석가모니 군상 벽감 안의 석가모니가 길상좌식을 하고 있는 가운데 양측에는 제자·보살·천왕이 있으며, 남쪽의 천왕상은 훼손되었고 벽감 밖에는 두 기의 보살상이 있다. 벽감 안의 조형물은 후대에 새롭게 채색하였고, 밖에 있는 보살은 당나라 전성기의 모습을 가지고 있다.(성당盛唐. 445번 모가오굴. 서쪽 벽)

제3장 세속의 형상이 속세를 감동시키다

하여 보수되긴 하였지만 색칠만을 다시 하였을 뿐이며, 우아하고 아름다운 조형, 의상의 유려한 주름선에 화려한 채색과 문양에서 당나라 전성 시기의 모습을 찾아볼 수 있다. 주존은 팔릉형八楞形 수미단에 앉아 있고 얇은 가사를 통하여 두 다리를 볼 수 있다. 튀어나온 옷 주름은 선명하면서도 물 흐르듯 매끄럽고, 방석 위로 늘어진 가사의 중간 부분이 양측보다 조금 길며 'U'자형의 무늬가 새겨져 있다. 아난의 옷과 신체는 328번·45번 석굴과 비슷하여 북측에 겸허하게 서 있는 가섭과 뚜렷한 대조를 이룬다. 보살 중에서는 벽감 북측의 공양보살이 비교적 완벽하게 보존되어 있고, 당나라 초기 끝 무렵에 만들어진 328번 석굴의 공양보살과 아주 비슷하다.

당나라 전성 시기의 조형물들을 자세히 보면 종교적 성중聖衆[20]으로서의 위엄과 도도함이 사라졌고 속세인들과 성인들 사이의 거리감도 줄어들었다. 어떤 의미에서 보면 현실 속의 '사람'으로 다시 빚어짐으로써 더욱 큰 감동을 일으키는 것이다.

둔황의 으뜸

● 모가오굴 채색 조형물에서 가장 정교하고 아름다운 수발타라須跋陀羅 조각상

석가모니의 10대제자 중 일반적으로 가섭과 아난만 둔황 채색 조각상에 등장하고 기타 제자들은 모두 벽화로 표현되지만, 유일하게 46번 석굴에 수발타라 조각상이 남아 있다. 수발타라는 석가모니 최후의 제자로서 석가가 열반에 들기(圓寂) 전에 불법을 듣고 많은 깨달음을 얻었다. 그 때문에 대부분 열반에 드는 모습(涅槃變相)으로 조형물이나 벽화에서 많이 나타난다. 높이 0.5m의 수발타라는 선정식禪定式에 머리는 아래로 숙이고 두 눈은 살며시 감고 있는데 표정이 살아 있다. 전신의 복식服飾은 단순하여 더욱 청아하고 수려하다. 이는 모가오굴에서 유일하게 온전히 보존되어 있는 수발타라상이며, 이 굴의 채색 조형물 중 가장 성공적인 작품이기도 하다.

---

20 불교에서 예배 대상이 되는 성문聲聞, 연각緣覺, 보살菩薩, 불佛의 집단을 가리킨다.(『종교학대사전』, 한국사전연구사, 1998)

그림 3-38 가섭, 보살과 천왕 가섭은 수려한 외모에 성격이 활달한 중년 승려의 모습이다. 머리 부분은 후대에 복원했지만 기본적인 형태는 당나라의 모습을 유지하고 있다. 보살의 제작 방법은 45번 석굴과 비슷하다. 천왕은 야차를 밟은 채 부릅뜬 눈으로 고함을 지르고 있다.(성당盛唐. 445번 모가오굴. 서쪽 벽감 안의 북측)

그림 3-40 협시보살 옥 같은 맨 얼굴에 초승달 같은 눈썹과 가는 눈을 가지고 있으며, 미간 사이에는 흰 털(속칭 행운의 점)이 있고 곧은 코와 작은 입을 가지고 있다. 부드러운 피부와 유연한 골격에 자태는 차분하면서 우아하다. 색채는 후대에 복원한 것이다.(성당盛唐. 384번 모가오굴. 남쪽 벽감 안의 서측)

그림 3-39 협시보살 벽감 안의 조형물과 비교하면 밖에 세워 놓은 보살은 걸작에 속한다. 높게 틀어 올린 상투에 용모는 맑고 자태가 우아하다. 붉은색의 머리띠와 비단끈 그리고 녹색의 치마끈은 색채가 선명하여 새것처럼 전성기 당나라의 모습을 그대로 가지고 있다.(성당盛唐. 445번 모가오굴. 서쪽 벽감 밖의 북측)

그림 3-41 공양보살 높이 틀어 올린 상투와 통통한 얼굴에 양손은 합장을 하고 있다. 천의를 걸치고 연대 위에서 호인들 방식으로 무릎을 꿇고 있다. 치마의 주름은 자연스러우면서 완만하다.(성당盛唐. 384번 모가오굴. 서쪽 벽감 안의 북측) ▶

그림 3-42 북방다문천왕
상투머리에 양미간을 곧게 세우고 눈동자가 튀어나올 듯이 부릅뜬 두 눈에 입을 크게 벌리고 고함을 지르는 모습이다. 흉갑에 검은 장화를 신고 한 손은 부처가 있는 벽감을 가리키고 한 손은 허리를 짚고서 야차를 밟고 서 있는데, 당당한 기개를 표현하였다. (성당盛唐, 384번 모가오굴, 서쪽 벽감 밖의 북측)

5. 당나라 전성기의 가장 뛰어난 석굴은 어느 것일까?

신룡 원년(705)부터 건중建中[21] 2년(781)에 이르면서 모가오굴은 당나라 전성기에 들어선다. 이 시기에 97개의 석굴을 조성하였는데 대부분은 서쪽 벽에 창구감敞口龕[22]을 내고 1부처2제자2보살2천왕의 7존상을 두었고, 일부는 벽감 밖의 남북쪽에 각각 사각형 받침대를 두고 역사상을 한 기씩 더하기도 하였다. 비록 이 시대에 많은 석굴을 만들고 조형물의 양식과 종류도 다양한 발전 추세를 보였지만 어딘지 '기세가 부족한 듯'한 느낌을 준다. 하지만 45번 굴과 같이 최고의 작품도 남기고 있다.

45번 모가오굴은 중형 석굴로 당나라 전성기에 가장 아름답다고 할 수 있는 조형물군이기에 이 시기를 대표하는 석굴이 되기도 한다. 이 석굴의 서쪽 벽에 내부는 작고 바깥쪽이 넓은 벽감이 있는데, 1부처2제자2보살2천왕의 7존상을 모시고 있다. 주존인 석가모니는 연대 위에서 항마좌를 하고 있고 얼굴은 풍만하고 둥글며, 몸은 겨드랑이부터 흉부와 복부가 기본 구조상 하나의 수직선을 이룬다. 흉부는 비교적 평탄한데 220번·328번 등 정관 양식의 조형물들과 비교하면 명확한 계승 관계를 보이고 있다. 가사에 덮인 두 발의 윤곽은 뚜렷하고 안쪽으로 심하게 모아져 있으며 가사 아래로 각 부위의 관절과 근육을 볼 수 있다. 개원 14년(726)에 만들어진 41번·46번·131번·384번 등의 석굴에 있는 조형물도 항마좌를 하였는데 안으로 심하게 모아져 있다. 또 같은 시기 톈룽산(天龍山) 석굴의 조형물과 미국 하버드대학교 새클러Sackler미술관에 소장된 불좌상도 비슷한 점을 뚜렷이 드러내고 있다.

이 일곱 기의 조형물에서 제자상은 자못 독창성을 보이고 있다. 아난은 허리 부분을 안쪽으로 약간 기울이고 맞잡은 양손을 앞으로 하고 공손히 서 있어 아름답고 지혜로운 젊은이를 표현하였다. 아난과는 대조적으로 가섭은 뼈만 앙상하게 남아 노성老成하고 신중한 모습으로 표현하였다. 두 어깨는

---

21 당 덕종唐德宗의 첫 번째 연호.
22 입구가 활짝 열린 형식의 대형 벽감.

조금 솟아 있고 잔뜩 찌푸린 눈썹 아래로는 두 눈이 반짝이고 있는데 눈썹뼈, 광대뼈, 아래턱뼈, 빗장뼈, 복장뼈가 크게 돌출되어 있고 가사 밑으로 보이는 것은 '뼈'일 뿐 아난처럼 '육질(肉)'이 아니다.

'전신傳神'[23]은 사실적이고 생동감이 있어 부르면 걸어 나올 것 같은 벽화를 의미한다. 하지만 평면적인 그림에 비하여 이렇게 볼륨감이 넘쳐흐르는 둔황 석굴의 훌륭한 조각 작품은 '전신'이라는 두 글자로는 부족할 정도의 무게감이 있다. 우리는 진흙 우상을 본 것이 아니라, 생각과 의지가 있으며 피와 살이 있는 지혜로운 노인을 보고 있는 것이다. 또 두 기의 보살을 보면, 상투가 높이 솟아 있고 머리는 약간 안쪽으로 기울어져 있으며 체형은 'S'자에 근육은 풍만하고 매끄럽다. 보살상 바깥쪽에는 천왕이 몸에 달라붙는 갑옷을 입고 한 손은 허리를 짚고 다른 한 손은 주먹을 쥔 채 야차藥叉를 밟고 서 있다. 특히 북측에 있는 천왕은 찌푸린 눈썹에 두 눈은 부릅뜨고 얼굴 근육은 잔뜩 긴장된 모습이다. 갑옷은 세밀하

고 두께감 있게 조각되어 금속이나 가죽 같은 느낌을 준다. 한마디로 말해 이 한 무리의 조형물은 아주 강한 일체감을 보인다.

---

23 중국에서 초상화를 뜻하는 말로 '전신사조傳神寫照'의 준말. 초상화를 그릴 때 인물의 외형 묘사에만 그치지 않고 그 인물의 고매한 인격과 내면세계까지 표출해야 한다는 초상화론.(『한국민족문화대백과』, 한국학중앙연구원)

그림 3-43 석가모니 군상 벽감 안에는 일곱 기의 조형물이 들어 있는데, 당나라 전성기의 모가오굴에서 가장 대표적인 채색 군상이다. 옷깃을 여미고 단정하게 앉아 있는 석가는 물론이고 열심히 설법을 듣고 있는 제자나 공손하게 서 있는 보살, 위엄 있게 호위하는 천왕을 막론하고 팔과 손가락 등을 부분적으로 복원한 것 외에는 전반적으로 완벽하게 보존되어 있으며, 색채 또한 당나라 전성기의 것에 가깝다. (성당盛唐. 45번 모가오굴. 서쪽 벽)

그림 3-44 석가모니
나계머리에 풍만한 얼굴, 눈썹은 귀밑머리까지 휘어 있고 눈은 가늘고 길다. 목 아래로는 세 가닥의 주름이 있으며 두 발을 덮는 통견가사를 입고 있는데 항마좌를 하고 있다. 연좌 둘레의 가사는 자연스럽게 드리워져 있다.(성당盛唐. 45번 모가오굴. 서쪽 벽감 내부) ◀

그림 3-45 제자 아난, 보살, 천왕
청년 아난은 뚜렷한 눈썹과 팽팽한 이마를 가지고 있다. 옆에 있는 부드러운 피부의 보살은 화려하고 정교한 문양의 치마를 입고 있는데, 아름답고 부드러울 뿐만 아니라 매력적인 느낌까지 주고 있다. 이와는 달리 엄격히 몸을 감싸고 있는 천왕의 갑옷은 위엄과 함께 냉혹함을 드러내고 있는 등 인물들 각각의 성격과 정신세계를 모두 훌륭하게 표현하고 있다.(성당盛唐. 45번 모가오굴. 서쪽 벽감 안의 남측) ▶

이 군상에서 고대의 예술가들이 높고 밝은 전당석굴의 널찍한 건축공간을 효과적으로 이용하여 사람이 석굴에 들어선 후 자연스럽게 벽감 중심에 있는 불상으로 시선이 집중되도록 한 것을 알 수 있다. 이와 동시에 활 모양으로 펼쳐진 곡면에서 시야에 들어오는 것은 안쪽의 높은 곳에서 바깥쪽의 낮은 방향으로 서 있는 협시성인들이다. 다양한 조형물로 구성되어 있지만 부처의 장엄미, 제자의 공경심, 보살의 온순성, 천왕의 위엄 등 인물의 성격을 모두 매우 적절하게 표현하고 있다.

그림 3-46 제자 아난
'다문제일' 아난은 석가를 따라 45년간 법문을 듣고 포교를 한다. 풍만한 얼굴과 맑은 용모는 그의 총명함을 표현한 것이고, 조금 안쪽으로 기울인 자세와 소탈한 옷차림은 뜻을 이루어 가는 소년의 인생경력을 보여 준다.(성당盛唐. 45번 모가오굴. 서쪽 벽감 안의 남측)
◀

그림 3-47 협시보살
머리는 조금 안쪽으로 기울어져 있다. 통통한 얼굴에 드러낸 상체는 볼륨감은 있지만 비만하지는 않은데, 당나라 모가오굴 조형물에서 가장 정교한 작품 중의 하나이다.(성당盛唐. 45번 모가오굴. 서쪽 벽감 안의 북측)
▶

제3장 세속의 형상이 속세를 감동시키다 173

그림 3-48 협시보살 높게 틀어 올린 상투의 둘레에는 부조 기법으로 꽃장식을 하였고 머리는 조금 기울어져 있다. 초승달 눈썹에 가는 눈을 하고 아래를 주시하는 것이 깊은 생각에 잠겨 있는 듯하다. 다리는 얇은 치마가 감싸고 있으며 문양과 장식이 화려하다.(성당盛唐. 45번 모가오굴. 서쪽 벽감 안의 남측)

그림 3-49 제자 가섭, 보살, 천왕 가섭이 입고 있는 산수 문양의 가사는 생각이 깊고 침착하게 보이게 하는 효과가 있어 그의 성격과 인생경력에 적합한 표현이라 할 수 있다. 보살의 피부는 희고 경쾌하며 붉은색과 녹색이 서로 엇갈려 있는 치마는 색채가 아주 강렬하다. 녹색이 주를 이루는 천왕의 갑옷과 투구는 오랜 세월에 색이 바랬지만 오히려 시간의 무상함을 느끼게 한다.(성당盛唐. 45번 모가오굴. 서쪽 벽감 안의 북측) ▶

그림 3-50 **남방증장천왕** 상투머리와 튀어나온 눈의 천왕은 흉갑과 갑옷을 입고 있으며, 오른쪽 팔꿈치 부분의 옷깃은 펄럭이고 있다. 팔을 휘두르며 허리를 짚고 주먹을 쥐고 있는 순간이다.(성당盛唐. 45번 모가오굴. 서쪽 벽감 안의 남측)

그림 3-51 **북방다문천왕** 눈썹을 찌푸리고 입을 벌려 고함을 지르고 있다. 몸에 꼭 맞는 갑옷을 입고 한 손은 주먹을 쥐고 또 한 손은 허리를 짚은 채 야차를 밟고 서 있다. 긴장한 얼굴이지만 경직되지는 않았고, 갑옷의 조각은 금속과 가죽 같은 느낌을 준다.(성당盛唐. 45번 모가오굴. 서쪽 벽감 안의 북측)

6. 당나라 전성기, 조형물의 웅장함과 화려함은 어떻게 드러내었나?

이 시기의 조형물은 살아 있는 듯한 모습으로 감동을 줄 뿐만 아니라 부처와 벽감의 전반적인 장식도 매우 아름답다. 예를 들면 66번·264번 모가오굴은 조각과 회화를 결합하는 형식으로 그 웅장함을 연출하고 있다.

66번 석굴의 창구감 안에는 석가모니의좌상과 아난, 가섭 두 제자상이 있으며 연화대 위에는 두 보살이 시립하고 있다. 남방증장천왕南方增長天王은 입을 꾹 다문 채 눈을 부릅뜨고 있으며, 북방다문천왕北方多聞天王은 입을 벌려 큰 소리를 지르면서 암석 위에서 야차를 밟고 서 있다. 벽감 안쪽에는 8제자와 4보살 벽화가 있고, 감실 입구의 바깥쪽에는 관세음보살觀世音菩薩과 대세지보살大勢至菩薩이 그려져 있어 조형물과 벽화로 10대제자와 8대보살을 연출하고 있다. 이 외에도 색채가 맑고 고운 배광과 사라쌍수沙羅雙樹가 그려져 있고 벽감 위에는 원형의 화개華蓋[24]가 있다.

264번 석굴은 이 시기의 가장 뛰어난 작품이다. 보살의 피부는 풍만하면서 윤기가 흐르고 자태는 느긋하고 여유로우며, 천왕의 갑옷은 선명하고 동세動勢에서 위엄과 긴장감이 느껴진다. 보살의 옷장식과 천왕의 갑옷은 뛰어난 사실적인 표현 기법을 보여 준다. 신체는 불교 조형상의 규범에서는 약간 벗어나 다소 과장되어 있으나, 뚜렷한 시대적인 특징을 가지고 있다. 66번 석굴과 마찬가지로 벽감 안에는 제자와 보살상이 있는데, 제자는 북방계(胡人) 승려의 모습이고 보살은 높은 코에 긴

그림 3-52 **부처의좌상 선묘화**(우쇼후이 그림)
[성당盛唐. 산시(山西) 톈룽산(天龍山) 4번 석굴]

---

24 불상의 머리 위에 씌우는 일(양)산을 말하는 것으로 부처의 상징이다. 항상 부처의 두상에 있기 때문에 천개天蓋, 보개寶蓋, 현개懸蓋 등으로 불린다.

제3장 세속의 형상이 속세를 감동시키다

그림 3-53 웅장한 군상과 벽화
벽감 내에는 석가모니의좌상을 중심으로 양측에는 2제자, 2보살, 2천왕이 있다. 벽에 그린 8제자·4보살, 여기에 벽감 입구의 관세음보살과 대세지보살까지 합하면 10대제자·8대보살의 웅장한 장면을 구성한다.(성당盛唐. 66번 모가오굴. 서쪽 벽)

제3장 세속의 형상이 속세를 감동시키다 179

눈을 가지고 있다. 벽화도 아주 정교하고 아름다워 보살의 보관·목걸이·팔찌는 모두 역분첩금瀝粉貼金[25] 기법을 사용하였으며, 지금까지도 여전히 눈부시게 빛나고 있다.

320번 석굴은 중형 굴로서 서쪽 벽에 창구감이 있고 안에는 1부처2제자 2보살의 5존상이 있는데, 감실 북측에 있던 한 기의 조형물은 사라졌다. 주존인 석가모니의 얼굴은 금가루로 화장을 하였는데, 비록 후세 사람들에 의하여 벗겨지긴 하였지만 희미하게나마 휘황찬란했었음을 여전히 느낄 수 있다. 석가는 항마좌상이 아닌 의좌여래상이다. 육계는 오른쪽으로 감겨 올라가는 소용돌이 모양이고 두 눈은 살며시 아래를 주시하고 있으며, 입꼬리는 깊게 들어가 있고 가슴은 풍만하며, 상반신은 곧고 미끈하다. 양쪽 다리는 위아래의 굵기 변화가 없으며, 가사는 양쪽 다리에서 바깥쪽으로 평평하게 늘어져 있고, 옷무늬는 'U' 자형으로 장식되었다. 이와 비슷한 의좌상은 66번·131번·194번 석굴에서도 볼 수 있다. 하지만 이러한 형태의 의좌상은 여전히 같은 시기의 중원 지역에서 유래된 것으로, 산시 타이위안 톈룽산 4번 석굴의 부처의좌상과 형태나 옷무늬 표현 등이 모두 아주 비슷하다. 그뿐만 아니라 79번 석굴의 반가좌보살상(후대에 다시 칠함)의 태연자약한 자태, 풍만한 근육의 표현 또한 톈룽산 14번·17번·18번 석굴의 보살상과 놀라울 정도로 닮아 있다. 이와 같이 개원과 천보 연간부터 당나라 전성기의 말년이라는 기간 동안 중원 지역의 석굴 조형물은 둔황에 직접적이면서도 신속한 영향을 주었다고 볼 수 있다.

---

[25] '역분퇴금瀝粉堆金'이라고도 한다. 흔히 복식, 의장, 병기 등을 그릴 때 사용하는 방법으로 입체감을 크게 하고 화려하고 찬란해 보이는 효과가 있다. 역분 방법은 무두질한 돼지 방광에 일정한 구경口徑의 동관銅管을 연결한 후 그 안에 풀 상태의 연백분을 넣고 압축하여 선이나 점點으로 짜냄으로써 벽면에 두드려 올라오게 하는 입체 효과를 보여 준다. 선의 굵기는 동관 구경의 크기에 따라 변화시킬 수 있다. 선이 끊어지는 것을 방지하기 위하여 연백분에 소량의 두유 혹은 유동나무씨 기름 그리고 밀가루나 콩가루 등을 섞기도 한다. 금박을 절약하기 위하여 연백분을 짜낼 때 동관의 입구를 벽면에 최대한 붙여서 선의 두께를 줄이는데, 일반적으로 '파분爬粉'이라고 부른다. 금박 사용 방법에는 이금泥金, 첩금貼金, 소금掃金, 발금撥金 등 여러 가지가 있다. 첩금은 유동나무씨 기름으로 금박을 직접 벽에 붙이거나 역분으로 그린 그림이 절반 정도 건조한 상태에서 바닥에 붙이는 것이다.

그림 3-54 아난, 보살, 천왕 아난은 옷깃이 교차하는 승지지에 겉에는 산수 문양의 가사를 입었다. 보살은 눈길을 아래로 향하고 머리는 안쪽으로 조금 기울인 채 연화 위에 서 있다. 남방증장천왕은 코를 벌름거리면서 부릅뜬 눈으로 허리를 짚고 야차를 밟고 서 있다.(성당盛唐. 264번 모가오굴. 서쪽 벽감 안의 남측)

그림 3-55 보살, 천왕
보살은 신중해 보이며 자태는 온화하면서 우아한데, 풍만한 체형은 당나라 여성의 특징이다. 다문천왕의 갑옷은 사실적이면서 정교하다.(성당盛唐. 264번 모가오굴. 서쪽 벽감 안의 북측) ◀

그림 3-56 석가모니의좌상
물결 모양의 상투머리에 눈은 아래를 주시하고 있으며 입꼬리는 깊게 패어 있다. 양주식의 어깨가 드러난 가사를 입고 발은 아래로 드리운 채 수미좌에 기대어 앉아 있다. 금으로 덮였던 피부는 벗겨져 지금은 흔적만 얼룩덜룩 남아 있다.(성당盛唐. 320번 모가오굴. 서쪽 벽감 안쪽) ▶

제3장 세속의 형상이 속세를 감동시키다 183

그림 3-57 **협시보살** 표정은 밝고 자태는 유연하다. 높은 상투의 앞쪽은 화염 모양의 보석으로 장식하였고, 상체는 풍만하지만 비만하지는 않다. 약간 나온 아랫배와 비교적 큰 골반은 여성 체형의 특징을 나타내는데, 전성기 당나라의 미의식이 여기에 반영된 것이다. (성당盛唐. 320번 모가오굴, 서쪽 벽감 안의 남측)

그림 3-58 가섭, 보살, 천왕
가섭은 합장을 하고 경건하게 경문을 읽으며 예불을 드리고 있다. 보살은 많이 변색되었지만 쉽게 훼손될 수 있는 상투·옷깃·양손 등도 약간의 손실만 있을 뿐 대부분 완전하게 보존되어 있는데, 쉬운 일은 아니다. 다문천왕은 붉은색의 수염과 눈썹에 한 손은 들고 다른 한 손은 허리를 짚은 채 야차를 밟고 서 있다.(성당盛唐. 319번 모가오굴. 서쪽 벽 불단의 북측)

그림 3-59 석가다보설법상
복두정의 서쪽 경사진 곳에 벽감을 내고 석가와 다보부처가 나란히 앉아 설법하는 조형물을 두었다. 두 여래의 얼굴은 풍만하며 한쪽 다리는 굽혀 가부좌를 하고 또 한쪽은 아래로 내려 반가좌를 하고 있다. 아래쪽의 공양보살은 허공에 떠 있는 입체 조형물이다. 벽감 내·외부는 서하 시기에 새롭게 채색을 한 것이다.(성당盛唐. 27번 모가오굴. 서쪽의 경사진 석굴 천장)

제3장 세속의 형상이 속세를 감동시키다 185

그림 3-60 **공양보살** 호인들의 자세로 연화대에 꿇어앉아 머리는 조금 돌려 바깥을 바라보고 있으며 자태에는 율동미가 흘러넘친다. 발 아래의 연화를 허공에 만들어 놓음으로써 석가와 다보가 설법했을 당시 많은 보살들이 허공에서 화현하는 것을 표현했다. 훼손된 팔에는 이것을 만들 때 사용했던 나무 뼈대가 드러나 있어, 당시의 채색 조형물 제작 연구에 중요한 본보기가 되고 있다. (성당盛唐. 27번 모가오굴. 서쪽의 경사진 석굴 천장)

그림 3-61 석가모니열반상 벽감에는 열반에 든 석가모니와 애도하는 중생들이 있다. 석가모니의 머리는 오른손을 베고 발은 포갠 자세로 누워 있는데 표정은 평온하다. 몸 뒤로는 두광頭光과 신광身光이 있으며, 그 위쪽에는 애도하는 중생들이 있다. 석가모니가 사라나무 아래에서 열반에 드는 모습을 표현하기 위해 벽에는 이 나무가 그려져 있다.(성당盛唐. 225번 모가오굴. 북쪽 벽) ▲

그림 3-62 고승 두상 풍만한 얼굴에 찌푸린 두 눈썹이 사실적인 양식을 잘 갖추고 있다. 깊고 그윽한 눈빛이 환갑에 이른 고승임에 틀림없다. 이것은 청나라 시대에 천상千相탑 내에서 발견되었다. 당나라 시대에 이 탑은 원래 모가오굴 아래에 있는 사원에 있었지만, 지금 그 사원은 존재하지 않는다.(성당盛唐. 둔황전시센터) ◀

제3장 세속의 형상이 속세를 감동시키다 187

그림 3-63 남방증장천왕
앞으로 내민 가슴에 한 손으로는 허리를 짚은 채 고함을 치려는 듯 두 눈을 부릅뜨고 있으며 또 한 손에는 긴 칼을 잡고 있었던 듯한데, 균형잡힌 체형과 위엄 있는 자태는 마치 전쟁터 속의 장군 같아 보는 이로 하여금 두려움을 느끼게 한다.(성당盛唐. 113번 모가오굴. 서쪽 벽감 밖의 남측)

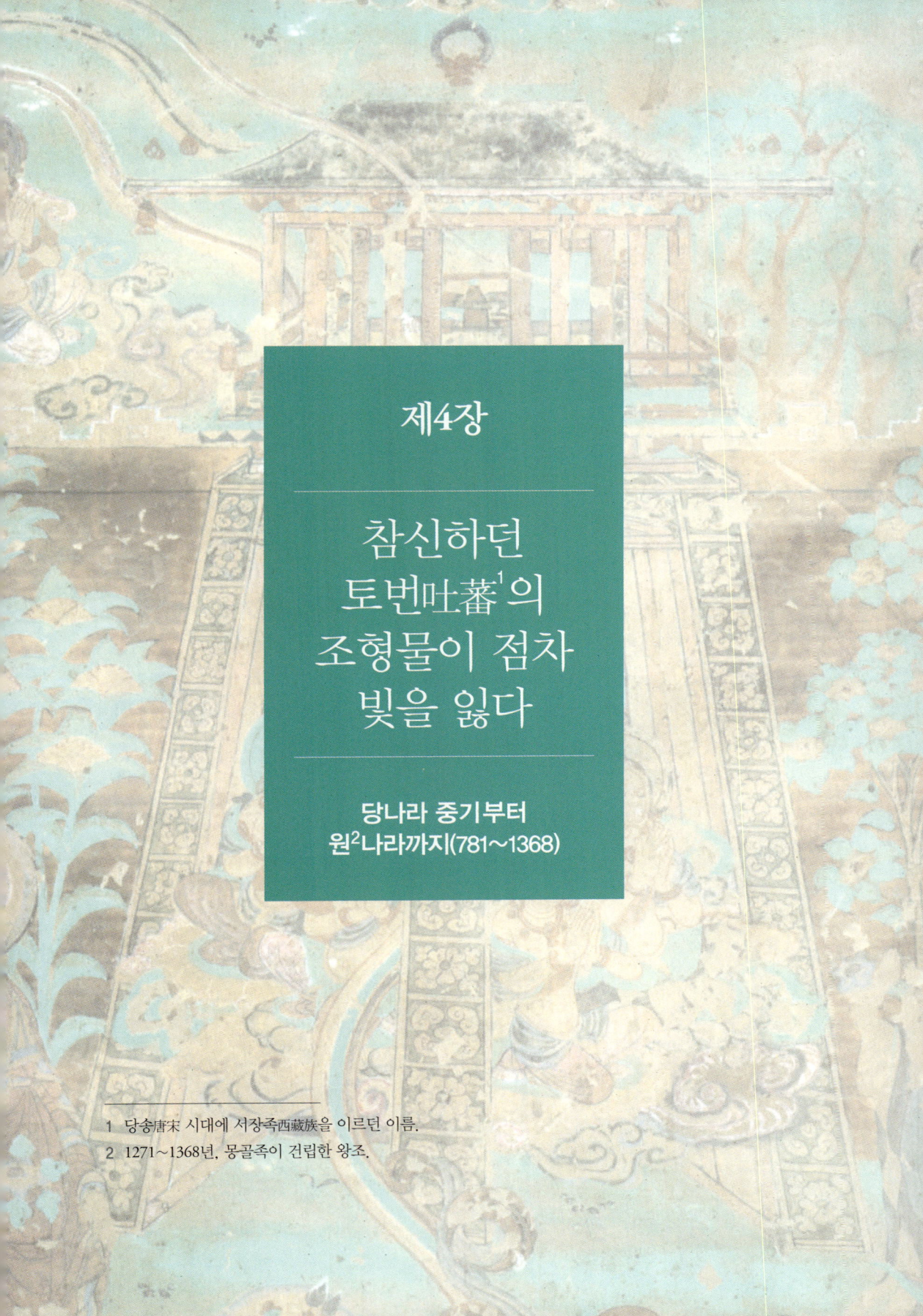

제4장

참신하던 토번吐蕃[1]의 조형물이 점차 빛을 잃다

당나라 중기부터 원[2]나라까지(781~1368)

---

1 당송唐宋 시대에 서장족西藏族을 이르던 이름.
2 1271~1368년, 몽골족이 건립한 왕조.

당나라 건중建中³ 2년부터 대중大中⁴ 2년까지(781~848) 둔황이 함락된 거의 70년에 이르는 기간을 '토번 시기'라고 불렀고 그때가 당나라 중기였다. 토번의 통치자가 불교를 널리 보급함에 따라 이 시기 모가오굴의 조성과 조형물 제작 활동은 전혀 위축되지 않았다. 이전 시대의 고풍을 이어받아 서쪽 벽감에는 석가모니의좌상, 양측에는 제자상과 보살상 그리고 천왕상을 배치하였고, 일부 감실의 외부에는 역사상을 두기도 하였다. 그 밖에도 이 시기의 새로운 소재로 석가의 열반상을 중심으로 한 삼세불상三世佛像과 칠불약사상七佛藥師像도 나타난다.

대중 2년에 지방군사수령 장의조張議潮는 귀의군을 거느리고 토번을 물리친 후 둔황을 되찾는다. 이후 천우天祐⁵ 4년까지(848~907)는 당나라 후기에 해당한다. 이 시기에 조성된 석굴에는 정교하고 아름다운 조형물이 많지 않다. 녹정盝頂방형의 깊은 감실 외에 중심불단형 석굴이 출현하였는데, 불단 위에는 1부처2제자2보살2천왕상을 배열해 놓았다. 이들은 모두 점토조형물(圓塑)로 유감스럽게도 대부분이 이미 훼손되었거나 후세에 보수한 것들이다.

오대五代, 송宋, 서하西夏, 원元이라는 네 시대에 비록 훌륭한 벽화가 더러 있긴 하였지만 석굴 조형물은 매우 드물었다. 다행스럽게도 산시 타이위안 진츠(山西太原晉祠), 간쑤 톈수이 마이지산(甘肅天水麥積山) 석굴, 쓰촨 따주(四川大足), 안웨이(安岳) 석굴에는 송⁶나라 시대의 조형물이 여전히 잘 보존되어 있어서 후세에 전할 수 있다.

---

3 당 덕종唐德宗의 첫 번째 연호.
4 당 선종唐宣宗의 연호.
5 당 소종唐昭宗의 마지막 연호.
6 960~1279년, 북송과 남송 2단계로 나뉜다.

1. 토번의 통치하에서 둔황은 왜 당나라의 양식을 유지하였을까?

토번이 둔황의 주인이 되었을 때 중원 지역은 당나라 중기였다. 모가오굴에게 아주 중요한 시기로 약 70년의 기간을 차지한다. 토번의 통치자가 대대적으로 불교를 후원하면서 당시 둔황에는 사원이 즐비하게 들어서고 승려와 비구니들이 증가함으로써 개원開元, 건원乾元, 용흥龍興, 금광명金光明 등 16개의 큰 사찰이 건립된다. 또 담광曇曠, 법성法成, 홍변洪辯, 오진悟眞 등 명승대덕名僧大德들의 출현과 함께 일부에서는 웅대한 석굴이 조성되기도 한다.

이 시기의 석굴 형태는 대부분 앞 시대의 양식을 계승한 것으로 사각형 복두정석굴이 주류를 이루었는데, 서쪽 벽감은 대부분 녹정방형의 깊은 감실로 되어 있다. 서쪽 감실의 중앙에는 석가의좌상이 있고, 양측에는 제자·보살·천왕상이 있으며, 일부 감실 외부에는 역사상을 사각 기단 위에 놓아두기도 하였다. 이 외에도 석가모니의 열반상을 중심으로 한 삼세불상과 칠불약사상이 이 시기의 새로운 소재가 되었다. 벽화의 화제畵題를 보면 신앙은 당나라 전성 시기와 연장선상에 있었지만 장전밀교藏傳密敎는 성행하지 않았다.

주존상은 대부분 당나라 전성기 후반에 출현한 의좌상 양식이었고, 보살의 신체는 풍만하고 초승달 모양의 눈썹에 가는 눈을 하고 있는데, 작고 정교하게 만들어졌지만 당나라 전성 시기의 'S' 자형 자태는 사라졌다. 벽화와 마찬가지로 조형물의 색채는 참신하고 단아한 청녹색을 많이 사용하였으며, 감실 내의 조형물은 대체적으로 청아하고 수려하며 함축성과 평온함을 보이고 있다.

194번 모가오굴은 당나라 전성기 후반 혹은 당나라 중기 초반에 조성한 것으로 복두정석굴이다. 석굴의 서쪽 벽에는 방형녹정의 벽감을 내었는데 1부처2제자2보살2천왕2역사가 들어 있다. 주존인 석가모니는 의좌상을 하고 있고 당나라 전성 시기의 조형물과는 차이가 전혀 없다. 가사는 바깥쪽이 붉은

그림 4-1 토번 찬보贊普[7] 예불도

색, 안쪽은 녹색이고 단화團花(Anthocephalus)와 권초卷草 무늬[8]로 장식하였다. 두 제자는 연대 위에 똑바로 서 있는데 조형이나 기법상에서 창의성이 전혀 보이지 않는다. 이와는 달리 남쪽의 쌍환계雙環髻를 하고 있는 보살은 역작으

---

7 토번의 군장君長을 이르는 말.
8 중국 전통문양의 하나로 잎이 둥글게 말린 식물 줄기가 파상곡선을 이룬 것이 '권초문'이다. 당나라 때 크게 성행하여 '당초문唐草紋'이라는 별명을 얻었고, 후세에 와서 권초문의 대표 명칭으로 자리 잡았다.

로 푸른 눈썹에 가는 눈, 오똑한 코에 붉은 입술을 가지고 있다. 허리는 안쪽으로 조금 들어가 있고 아랫배는 약간 나와 있다. 치마는 녹색을 기본으로 위에는 작은 꽃과 권초 무늬로 장식되어 있어서 전체적으로 차분하면서도 고상한 느낌을 준다. 북쪽의 보살은 고계高髻머리에 상반신은 반쯤 드러낸 채 천의를 비스듬히 걸치고 있으며, 하반신은 폭이 좁은 치마를 입고 있다. 얼굴 모양은 남쪽 보살과 큰 차이를 보여 품위가 없으며, 양미간에서는 오만함이 흘러넘친다. 천왕상 또한 독자적인 경지에 이른 훌륭한 작품으로서 두 기의 천

그림 4-2 보살과 남방증장천왕 보살은 둥그런 깃이 달린 옷을 입고 천의는 낮게 드리워져 복부 앞에서 무릎까지 아름다운 쌍곡선을 이루고 있다. 옆에 있는 천왕은 흉갑에 허리에는 전군을 두르고 늠름하게 서 있다.(중당中唐. 194번 모가오굴. 서쪽 벽감 안의 남측)

왕 모두 검은 장화를 신고 몸에는 흉갑을 하였으며, 허리에는 전군戰裙을 두르고 팔은 드러내 놓고 있다. 특히 남쪽의 천왕은 얼굴에 약간의 미소를 머금고 있으나 위풍당당하다. 벽감 밖의 역사상은 상투머리에 허리에는 채색치마를 두르고 맨발에 몸과 팔은 드러내고 있는데, 어깨·가슴·허리·복부의 근육은 과장스럽지만 균형감을 깨뜨리지 않아 오히려 역발산의 기개(力拔千鈞)[9]를 느끼게 한다.

159번 모가오굴은 소형의 복두정석굴로, 서쪽 벽에 녹정형의 사각 벽감을 만들고 1부처(소실됨)2제자2보살2천왕의 7존상을 모셔 두었다. 석굴의 형태와 크기, 조형물의 볼륨감과 색채 등은 모두 194번 석굴과 아주 비슷하다. 두 제자상은 다른 제자와 큰 차이는 없지만 형태 표현을 더욱 중시하였는데, 예를 들면 제자 가섭은 얇은 가사와 단순한 옷무늬 아래로 인물의 다리 윤곽을 볼 수 있다. 두 보살은 모두 상투머리에 양쪽 어깨는

---

9 아주 무거운 것도 단숨에 뽑아 버릴 듯한 기개.

밖으로 약간 벌리고 있으며, 거꾸로 된 사다리꼴 상반신을 가지고 있다. 피부 표면은 제작 당시 광택이 나는 물질을 섞은 것으로 보인다. 이러한 모습은 당나라 후기의 196번 반가좌보살상에서도 볼 수 있다. 천왕상은 194번 석굴과 더욱더 흡사한데, 특히 이 194번 석굴 북쪽에 있는 천왕상은 갑옷 양식이나 색채 표현 등이 놀라울 정도로 일치한다.

365번 석굴은 '칠불당七佛堂'이라는 옛 이름으로 모가오굴의 남쪽 구역 북단에 위치하고 있는데, 홍변洪辯이라는 유명한 승려를 위하여 조성된 곳이다. 불단 정면의 티베트 문자로 된 제기題記에 의하면 이 석굴은 커리커주Khri-gtsug-lde-btshan[10]가 재위 당시 장력藏曆[11] 양수서陽水鼠 연간부터 양목호陽木虎 연간(832~834)에 조성한 것임을 알 수 있다. 석굴은 가로로 긴 장방형이며 서쪽 벽으로 불상과 이어져 있고 뒤로 돌아갈 수 있는 통로가 있다. 침대 위에 있는 약사칠불은 모두 결가부좌를 하고 있다. 약사칠불상은 토번 시기에 조형물의 소재가 광범위하였음을 증명하고 있다.

둔황의 제일

● **모가오굴 채색소상에서 가장 뛰어난 금강역사金剛力士**

194번 모가오굴 서쪽 벽감 밖의 좌우에는 두 기의 금강역사상이 있다. 고대 장인은 역사가 격투 직전에 극도로 긴장된 신체의 상태를 순간적으로 포착하고, 온몸의 힘줄과 늑골을 울퉁불퉁하게 표현함으로써 이완의 정도를 강조하였다. 서로 다른 부위에서 받는 힘의 정도와 전반적인 조형상의 필요에 따라 객관적인 실체를 기초로 몸의 구조를 새롭게 조합하였고, 근육(塊面)이 선명하고 질서정연하며 또 장식적인 의미가 강한 효과를 표현했는데, 이는 둔황 채색소상에서 가장 훌륭한 금강역사상이다.

---

10 8대 티베트 왕. 치축데찬(Khri-gtsug-lde-btshan, 赤祖德贊=可黎可足=彝泰贊普=赤熱巴金 재위 815~841).
11 티베트족이 쓰는 역법曆法.

그림 4-3 석가모니 군상 벽감 안에는 석가의좌상을 가운데 두고 양측에 제자와 보살 그리고 천왕이 둘러서 있고 벽감 외부 기단에는 두 기의 역사상이 있다. 안타깝게도 벽감 윗부분이 손상되면서 내부 벽화들의 원형이 훼손되었다. 그러나 보살·천왕·역사상은 모두 여전히 엄숙하고 정연하며 청상清爽 느낌을 주고 있어 가작으로 인정받고 있다. (중당中唐. 194번 모가오굴. 서쪽 벽)

그림 4-4 남방증장천왕 살며시 미소를 머금고 있지만 위엄은 조금도 줄지 않았다. 눈꺼풀·광대뼈·아래턱의 구조가 정확하며, 특히 수염은 검붉은 색에 가늘고 부드러우면서 덥수룩하게 그렸는데, 서역 호인 장군들의 특징을 아주 잘 표현하였다. (중당中唐. 194번 모가오굴. 서쪽 벽감 안의 남측)

그림 4-5 협시보살 오른손은 아래로 드리운 채 엄지와 중지를 마주 대고 있는 것이 여성의 온유함과 정숙함을 보여 준다. 매끄럽고 부드러운 두 팔과 나온 아랫배의 표현은 적절한데, 당나라 중기 보살의 대표작이다.(중당 中唐. 194번 모가오굴. 서쪽 벽감 안의 남측) ◀

그림 4-6 역사 상투머리에 상체는 드러낸 채 맨발을 하고 허리에는 채색치마를 둘렀다. 어깨·가슴·허리·복부의 근육 표현이 다소 과장스럽기는 하지만, 균형감을 잘 유지하고 있어 오히려 역발산의 기개를 느끼게 한다. 피부의 붉은색과 치마의 녹색이 서로 어우러지면서 운치를 더해 주는데, 모가오굴의 대표적인 역사상이다.(중당中唐. 194번 모가오굴. 서쪽 벽감 밖의 남측)

그림 4-7 역사 마치 온몸의 힘을 모으고 있는 듯이 왼손을 크게 벌리고 손바닥으로 아래를 누르는 자세를 취하고 있다. 어깨·팔·가슴·복부 및 두 다리의 근육은 과장되어 보이지만, 인체의 구조로는 맞는 표현이며 모가오굴 조형물의 뛰어난 기교를 보여 준다.(중당中唐. 194번 모가오굴. 서쪽 벽감 밖의 북측)

제4장 참신하던 토번의 조형물이 점차 빛을 잃다 199

그림 4-8 **보살과 다문천왕** 보살은 고계머리에 드러낸 상체에는 천의를 비스듬히 걸치고 아래에는 치마를 두르고 연대 위에 서 있다. 옆에 있는 다문천왕은 투구에 갑옷을 입고 있는데, 위엄은 있지만 분노하지 않으며 바위를 밟고 있는 것이 충분한 준비를 마치고 출진을 기다리고 있는 듯한 모습이다.(중당中唐. 194번 모가오굴. 서쪽 벽감 안의 북측) ◀

그림 4-9 **석가모니 군상** 녹정방형 벽감의 3면에 '凹' 자형으로 된 낮은 기단을 설치하였다. 주존의 두광과 신광은 부조로 만들었으나 주존상은 소실되었고, 양측에는 제자·보살·천왕상 등 여섯 기의 조형물이 있다. 벽감 안에는 병풍화가 그려져 있다.(중당中唐. 159번 모가오굴. 서쪽 벽)

제4장 참신하던 토번의 조형물이 점차 빛을 잃다 201

그림 4-10 아난, 보살, 천왕

아난은 양손을 복부 앞에서 교차시킨 모습으로 서 있는데, 가볍고 자연스러운 무늬의 가사는 얇고 부드러운데 얌전하면서도 총명한 어린 스님의 모습을 만들어 낸다. 허리를 비틀고 있는 보살은 우아하고 정숙하다. 증장천왕은 몸을 곧게 세우고 부릅뜬 눈으로 야차를 밟고 서 있다. 강함과 부드러움이 조화를 이루는 대비 효과로 인물들의 서로 다른 성격을 표현하였다. (중당中唐. 159번 모가오굴. 서쪽 벽감 안의 남측) ◀

그림 4-11 협시보살

고계머리는 높게 솟아 있고 두 눈은 조금 위로 치켜져 있다. 붉은 승지에는 백색과 녹색이 서로 엇갈린 단화·다화·운두 문양이 그려져 있어 명주 같은 질감이며, 우아하고 고상한 자태는 더욱 다채로워 보인다. (중당中唐. 159번 모가오굴. 서쪽 벽감 안의 남측) ▶

그림 4-12 **약사칠불** 가로로 긴 불단 위에는 동일한 형태의 약사칠불이 있다. 불상은 모두 통견가사에 선정인의 자세로 결가부좌를 하고 있는데, 서하 시기에 새롭게 채색을 한 것이다. (중당中唐. 365번 모가오굴. 서쪽 벽의 불단)

2. 둔황에서 가장 큰 석가열반상의 아름다움은 어디에 있는가?

불교가 고대 인도에서 생겨난 이래 열반은 영원한 주제로 중앙아시아뿐만 아니라 중국 각지의 석굴사찰에 나타난다. 간다라에서는 2세기 이후에 열반상이 출현하였는데, 현재 인도의 석굴사찰과 박물관에 보존되어 있는 것만 해도 거의 100여 건에 달한다. 바미안 석굴은 대부분 훼손되었지만 현재 밝혀진 열반화상만 해도 일곱 건이나 된다. 신장(新疆) 위우얼(維吾尔) 자치구 커자얼(克孜尔)에는 열반을 주제로 한 벽화나 조형물로 된 석굴이 80여 개에 달한다. 모가오굴에서 열반상은 변상화變相畵[12]의 형식으로 표현되었고, 최초의 것인 북주 시기의 428번 석굴부터 당나라 중기까지 이것을 주제로 한 조형물이나 회화는 열한 건이 넘는다. 불교의 경전이나 교의에 따르면 석굴사에 조각되거나 그려진 열반상은 석가모니 일생의 종결을 보여 주는 것이 아니라, 인류의 선철先哲로서 석가모니가 불생불멸의 영원한 경지에 들어섰음을 표현하는 것이다. 동시에 불교도들에게는 반드시 석가모니처럼 수행하고 열반에 들 것을 권유하는 것이다. 하지만 보통 사람들에게는 열반이 항상 죽음을 연상시키므로 인간 육체의 소멸이라고 생각하게 된다. 열반상이 한漢 지역 민중들의 사랑을 받지 못한 것은 어쩌면 그런 생각에서 비롯된 것인지도 모른다. 산시 따퉁 윈강(山西大同雲岡)과 허난 뤄양 룽먼(河南洛陽龍門) 등 중원 지역의 석굴에서 발견된 두세 건은 모두 소품이며, 158번 모가오굴의 것처럼 큰 조형물은 쓰촨(四川) 안웨이(安岳)에 보존되어 있다.

158번 모가오굴은 당나라 중기에 조성된 것이다. 석굴 안에 있는 석가모니열반상 때문에 현지인들은 잠자는 부처라는 의미를 담아 '수불동睡佛洞'이라 불렀다. 석굴 안의 벽화와 조형물들 하나하나가 모두 열반을 주제로 하지 않은 것이 없다.

석굴은 가로가 긴 장방형으로 서쪽 벽 근처에서 부처의 침상으로 연결되어

---

12 경전의 내용이나 교리, 부처의 생애 따위를 형상화한 그림을 일컫는다. '변상도'라고도 한다.

그림 4-13 가섭 분상奔喪(먼 곳에서 어버이의 죽음 소식을 듣고 집으로 급히 돌아감)과 10대제자의 거애도
(중당中唐. 158번 모가오굴. 서쪽 벽)

그림 4-14 미륵불상 의좌상인 미륵은 맞은편의 가섭, 불단 위의 석가와 함께 삼세불을 이룬다. 둥근 얼굴에 통견의 전상가사를 입은 미륵불상은 머리와 몸의 균형이 맞지 않는데, 이는 중앙 카피사Kapisa의 양식이다. (중당中唐. 158번 모가오굴. 북쪽 벽)

그림 4-15 부처열반상 손을 얼굴에 받치고 옆으로 누워 있는데 자태는 편안하고 자연스럽다. 옷무늬는 유려하며 율동감이 넘친다. 불타의 무생무사無生無死, 무시무종無始無終의 경지를 표현하였다. (중당中唐. 158번 모가오굴. 서쪽 벽의 불단)

있고 그 위에는 15.5m에 달하는 열반상이 있다. 열반상의 머리는 남쪽, 발은 북쪽으로 향하였고 오른손을 베고 발은 서로 포갠 자세로 누워 있다. 남쪽에는 가섭 입상이 있고 북쪽에는 미래불인 미륵여래의좌상이 있어 이른바 삼세불 조각상이다. 여러 경전에 의하면 석가모니는 이전에 24불, 35불, 53불, 삼세불, 과거칠불 등 많은 여래로 출현하였다고 한다. 삼세불은 시간의 개념이고 이와 상대적으로 동·서·남·북·동남·동북·서북·서남 그리고 위와 아래 등의 공간세계에서 많은 여래가 석가모니와 마주하기도 하는데, 이것이 바로 천장(天井)이나 침상에 그려져 있는 시방여래정토변十方如來淨土變[13]이다. 화가들은 조형물과 그림을 서로 결합하는 기법으로 삼세불과 시방여래

---

13 제불諸佛의 정토 상相을 조형적으로 표현한 것. (한국사전연구사 편집부, 『미술대사전』, 한국사전연구사, 1998)

그림 4-16 열반석굴 조형물 장방의 녹정형 석굴로 서쪽 벽의 불단에는 15.8m에 달하는 석가의 열반상이 있다. 석가모니는 오른손으로 고인 머리를 남쪽으로 두고 발은 포갠 자세로 누워 있으며, 벽에는 천룡팔부와 제자의 거애도가 그려져 있다. 북쪽에는 미래불인 미륵불상이 있는데, 둔황에서 규모가 가장 웅대한 열반변涅槃變을 구성하고 있다. (중당中唐. 158번 모가오굴. 서쪽 벽의 불단)

제4장 참신하던 토번의 조형물이 점차 빛을 잃다

가 서로 어울리는 불교의 세계관을 완벽하게 표현하였다.

열반상은 얼굴이 둥글고 코가 오똑하며 입꼬리는 패어 있고, 미간에서 시작되어 귀밑머리까지 연결된 두 눈썹은 자연스럽게 위로 향하고 있다. 조용하면서도 차분하고 태연자약한 얼굴 표정은 죽음의 고통과 거리가 멀어 오히려 경전에서 말한 것처럼 '조금 피곤하여 잠시 눈을 붙인 듯' 잠시 작은 잠(小眠)[14]을 취한 것 같다. 그 모습은 온화하면서 자연스럽고 옷무늬는 단순하면서도 명쾌하며 손발은 몸에 붙어 있지만 자연스럽다. 피부는 풍만하면서 윤기가 나지만 혈관과 주름은 보이지 않는다. 곧 경전에서 말하는 것처럼 '정교하고 탁월한 재주'라 하겠다.

이뿐만 아니라 열반상을 둘러싸고 침상의 남쪽 벽에는 승계僧界 인물인 10대제자의 거애도擧哀圖,[15] 북쪽 벽에는 세속의 민중과 여러 나라 국왕들의 거애도가 그려져 있다. 이렇듯 모든 승려와 민중이 머리를 감싸안고 땅에 엎드려 통곡하는데 코가 깨지고 귀가 찢어지는 듯 가슴을 치며 애통해하고 있다. 침상의 위쪽에는 불상과 16나한十六羅漢 그리고 천룡팔부天龍八部[16]들의 거애 벽화가 상하로 나뉘어 그려져 있다. 침상 아래 남쪽으로는 수발타라가 입멸 후 부처가 되는 모습, 밀적금강密迹金剛이 애통해하며 엎드려 있는 모습과 순타純陀가 마지막으로 공양을 하고 있는 모습이 그려져 있다. 북쪽엔 말라족末羅族이 향기로운 꽃을 들고 음악, 춤, 가요로 석가의 입멸을 찬양하는 그림이 있다. 한쪽은 석가모니의 입멸 전 고사이고 다른 한쪽은 석가모니 열반 이후의 제례 장면이다. 머리 위, 발 주변, 침상의 위쪽과 아래쪽 모두 열반을 주제로 입체 조형물을 만들었는데 바로 석가와 가섭 그리고 미륵불이다. 이는 평면벽화로 된 시방정토十方淨土[17]와 서로 호응하면서 삼세시방三世十方의 세계

---

14 잠을 줄여 정신을 총명하게 한다는 의미도 있다.
15 거애란 선종에 따른 장례식 때 관 앞에서 '애哀 애哀 애哀'라고 세 번 하여 슬픔을 나타내는 일.
16 불국佛國 세계를 지키는 여덟 명의 선신善神을 통칭하는 말. 천天 · 용龍 · 야차夜叉 · 건달바乾闥婆 · 아수라阿修羅 · 가루라迦樓羅 · 긴나라緊那羅 · 마후라가摩睺羅伽 등.
17 대승불교에서 공간은 많은 불佛로 충만되어 있다고 여긴다. 시간적으로 과거 · 현재 · 미래 3세(범어 Trayo-dhvanah)로 구분되어 있는데, 이를 '삼세제불三世諸佛'이라 부른다. 공간에서 말하는 10방(범어 dasadisah)은 사방四方(동 · 서 · 남 · 북), 사유四維(동남 · 동북 · 서북 · 서남), 상하(위 · 아래)의 총칭이다. 불교는 시방에는 무한한 세계와 정토淨土가 있다고 주장하는데 '시방

그림 4-17 8국 국왕의 거애도
(중당中唐. 158번 모가오굴. 서쪽 벽의 불단)

를 구성하여 극도로 감화력이 있는 순간이 연출되고 있다. 바로 남쪽 벽에 있는 10대제자와 북쪽 벽에 있는 여러 국왕들을 등장시킴으로써 열반을 돋보이게 하였으며, 수발과 순타 등 고사에서 나오는 장면으로 열반 이후 말라족의 찬탄공양讚嘆供養을 표현하였다. 이 모든 것은 격렬하면서도 차분하게, 평면적인 것과 입체적인 것으로, 과장되어 있지만 서사敍事적으로 중세기 동방 장례의 모습을 생동감 있게 보여 주고 있다.

　'정토'·'시방세계' 등으로 불리고, 그중의 제불諸佛은 '시방제불'이라 부른다.

제4장 참신하던 토번의 조형물이 점차 빛을 잃다　**213**

그림 4-18 가섭불
과거불인 가섭은 석가모니의 머리 부분에 위치하고 있다. 가섭불상은 나계머리에 백색의 단화 團花가 그려진 전상가사를 걸치고 있으며, 커 보이는 머리는 중앙 카피사 양식이다. (중당中唐, 158번 모가오굴, 남쪽 벽) ◀

그림 4-19 시방정토
(중당中唐, 158번 모가오굴, 석굴 천장) ▶

그림 4-20 쓰촨 안웨이 워퍼우왠(臥佛院)
(당나라 개원 연간에 만든, 높이가 23m에 달하는 석가열반석조상) ▼

제4장 참신하던 토번의 조형물이 점차 빛을 잃다 215

3. 당나라 후기의 저녁노을이 남긴 낙조는 얼마나 될까?

대중大中 2년(848) 지방 호족인 장의조張儀潮는 둔황을 수복한 후 얼마 되지 않아 하서 지역을 지배한다. 그러나 함통咸通[18] 7년(866) 그가 조정에 들어서면서 둔황은 정국 불안으로 이어져 사위들 간에 목숨을 건 싸움이 시작된다. 비록 석굴을 만들고 보수도 60여 개나 하였지만 아름다운 조형물은 아주 드물게 보일 뿐이다.

당나라 후기에는 토번 통치 때에 조성된 녹정형 벽감 석굴 외에도 배병식背屛式 중심불단형 석굴이 출현한다. 이 석굴의 평면은 정방형으로 중심에 불단을 설치하였으며, 불단 서쪽 가장자리에 있는 배병은 굴실 천장까지 닿아 있다. 녹정감실 안의 조형물은 대부분이 소형으로서 일곱 명 혹은 아홉 명의 군상으로 되어 있는데, 대체적으로 토번 시기의 주제나 양식을 이어받고 있다. 하지만 중심불단 석굴의 조형물은 규모에서 앞 시대를 훨씬 뛰어넘고 있어 여래나 제자, 보살을 막론하고 몸집이 풍만하면서 크고 강건하다는 특징을 보인다. 이 외에도 이 시기에는 고승상高僧像도 나타났는데, 비록 하나의 예일지라도 초상肖像 작품의 출현은 둔황의 채색 조형물이 최고의 경지에 이르렀다는 것을 상징한다.

196번 모가오굴은 복두정 불단으로 대형 석굴에 속한다. 불단 위에는 1부처2제자2반가좌보살2천왕의 7존상이 있다. 이 점토조형물(圓塑)은 몸집이 웅대하고 기골이 장대하며, 가사와 갑옷 및 투구의 색채는 당나라 중기 이래의 청녹색을 주색主色으로 하는 색채 표현을 잇고 있다. 불단 북측의 보살을 제외한 다른 조형물들은 1920년에 일어난 지진으로 천장이 무너져 내리면서 훼손되었다. 오른쪽의 능주稜柱형 연대 위에 앉아 있는 보살은 눈썹과 눈이 가늘고 길며, 활 모양으로 위로 치켜든 오른손과 왼쪽 손가락은 이미 훼손되어 있는데, 몸에는 천의를 비스듬히 걸치고 목에는 장식품을, 손목에는 팔찌를 하고 있다. 상반신은 남성 체형으로 건강미가 있지만 피부는 여성스럽게 표

---

18 당 의종唐懿宗의 연호.

그림 4-21 석가 군상 중심불단의 병풍 앞에는 석가모니와 아난·가섭·보살·천왕이 있는데, 모가오굴에서 가장 잘 보존된 군상이다. 남쪽의 보살과 천왕은 지진으로 훼손되었다. (만당晩唐. 196번 모가오굴. 중심불단)

그림 4-22 남방증장천왕 끈이 달린 투구에 갑옷을 입고 한 손으로는 검을 잡고 다른 한 손으로는 칼날을 만지고 있는 듯하다. 형태와 색채는 당나라 중기의 전통을 잇고는 있지만, 웅건하고 위엄 있는 자태를 표현하지 못하였으며, 조금은 딱딱한 느낌도 준다. (만당晩唐. 18번 모가오굴. 서쪽 벽감 안의 남측)

그림 4-23 **가섭, 보살, 천왕** 가섭의 입술은 경문을 외우는 듯 조금 벌어져 있으며 산수 문양의 가사를 입고 연대 위에 서 있다. 보살은 상반신을 드러낸 채 천의를 비스듬히 걸치고 연대 위에서 반가좌를 하고 있으며, 천왕은 부릅뜬 눈으로 아래를 바라보며 손은 허리를 짚고 야차를 밟고 서 있다. (만당晚唐. 196번 모가오 굴. 중심불단 북측)

제4장 참신하던 토번의 조형물이 점차 빛을 잃다

현되었다. 흉복부의 근육은 약간 돌출되어 있고, 광택이 나는 피부는 부분적으로 옥그릇과 질그릇의 질감을 보이고 있다. 하반신은 단순화됨으로써 불좌 위에서 아래로 걸치고 있는 왼다리는 상하의 굵기 차이가 크지 않다. 하지만 불좌 위에 평평하게 펴놓은 치마의 주름 부분은 정교하게 만들어져 번잡한 느낌을 주기도 한다.

17번 모가오굴에서 국내외로 이름난 곳은 창징동(藏經洞)이다. 16번 석굴 통로의 북쪽에 위치하는데, 약 10여m²로 고승 홍변洪辯을 기리기 위하여 조성한 영굴影窟이다. 당나라 후기에 만들어진 이 굴은 북쪽에 앉아 남쪽을 바라보는(坐北向南) 형식으로 중심불단 위에는 공양에 쓰이는 홍변상이 있으며 몸 뒤 양쪽에는 시녀와 공양비구가 그려져 있고, 서쪽 벽의 북측에는 홍변의 고신비告身[19]碑 하나가 새겨져 있다. 11세기 초 모가오굴의 승려들은 서하西夏 사람들이 곧 둔황을 침략할 것이라는 소식을 듣자 즉시 홍변상을 다른 굴로 옮기고, 4~5만 건에 달하는 불교경전과 비단그림(絹畵) 그리고 사회문서 등 평소에 사용하던 고대물품들을 창징동 내에 숨겨 둔다. 20세기인 1970년대에 둔황연구원 학자들의 연구와 고증을 거쳐 이 조형물은 다른 동굴 내의 여래상과 큰 차이가 있어 당연히 고승상이라고 판단함으로써 다시 창징동으로 옮기게 된다.

840년대 장의조는 둔황 민중을 거느리고 둔황을 포함한 하서의 많은 지역을 수복하였는데, 둔황의 수복 과정에서 홍변이 큰 공을 세우자 당 왕조는 칙령을 내려 그를 섭사주攝沙州 승정법률삼학僧政法律三學 교주로 봉하였다. 홍변이 입적한 후 얼마 되지 않아 그의 제자들은 그를 기리기 위하여 실제 모습으로 이 조형물을 만들었다. 이 조형물은 실물과 비슷한 크기에 약간 도드라진 눈썹 아래로 두 눈이 빛나고 있는데 눈가에는 잔주름이, 콧방울 양측에는 법령선法令線이 새겨져 있고, 두 입술은 꼭 다물고 있으며, 두 귀는 일반인과 비슷하다. 몸을 두르고 있는 전상가사 밑으로는 양손과 발의 모습이 보이지 않는다. 장인 스스로 중요하지 않다고 생각한 부분을 의도적으로 숨긴 것

---

19 조정에서 관원에게 품계와 관직을 내릴 때 주는 임명장.

이다. 조소의 사실적인 기법으로 실물을 성공적으로 만들어 낸 것이다. 이는 기타 모가오굴의 불상과는 달리 불교식 조형 규칙을 따르지 않은 것으로, 표현상 밀접한 관련성이 없다. 홍변상의 등 뒤에 난 구멍 안에서 사리舍利를 담은 자루가 발견됨에 따라 홍변의 진신眞身사리로 추정되었으며, 이를 근거로 이 조형물은 당연히 초상 조형임을 알 수 있었다. 모가오굴에 현존하는 2천여 기의 조형 작품에서 고승상은 손가락에 꼽을 정도이다. 공양인 화상은 비록 수천만 개에 달하지만 대다수가 천편일률적이다. 이런 이유로 초상 작품인 홍변상은 둔황뿐만 아니라 중국 조소사彫塑史에서도 중요한 위치를 차지한다.

그림 4-24 북방다문천왕
화관에 갑옷을 입고 양미간은 찌푸린 채 입을 벌리고 있어 위엄보다는 다소 공포스럽다. 조형물의 형태와 색채의 장식에서 당나라 중기 조형물임을 의도적으로 표현하지 않은 것이 없다.(만당晩唐. 18번 모가오굴. 서쪽 벽감 안의 북측)

그림 4-25 홍변 실물상
점토조형물로 높이는 94cm 이다. 자태는 장중하면서도 자연스럽고 눈빛은 예지로우며 눈가에는 잔주름이, 코의 양측에는 법령선이 패어 있고 두 입술은 꼭 다문 채 전상가사를 입고 선정결가부좌를 하고 있다.(만당晩唐. 17번 모가오굴. 북쪽 벽)

그림 4-26 협시보살 질박하고 자연스러운 큰 체구에 상반신은 드러낸 채 천의를 비스듬히 걸치고 있다. 목 장식품과 팔찌를 하고 능주형 연대 위에서 반가좌를 하고 있다. 하반신을 감싼 치마는 자연스럽게 연좌 위로 드리워져 있다. 기하적 형태를 사용하여 전체적인 체형을 만들었으며, 피부에는 가루를 덧칠하여 속세를 벗어난 느낌을 준다.(만당晩唐. 196번 모가오굴. 중심불단 북측) ▶

4. 둔황 채색 조형물의 여운은 얼마나 남아 있을까?

그림 4-27 협시보살 고계머리에 얼굴은 둥글며 가는 눈썹과 긴 눈 그리고 작은 입을 가지고 있다. 목과 가슴에는 장식품을 하고, 천의를 걸치고서 수미좌 위에서 유희좌를 하고 있다. 몸 뒤에는 연꽃잎 모양의 두광이 부조되어 있으며 옷무늬는 간결하고, 매끈한 어깨와 가는 허리는 여성 체형의 특징을 보여 준다. (오대五代. 261번 모가오굴. 불단 남측)

오대五代 시기의 후당後唐[20] 동광同光[21] 2년 (924)에 조의금曹議金은 귀의군의 절도사로 임명받았다. 그 이후 송대 말년까지 조씨의 자손들은 부친을 이어 줄곧 사주沙州의 정권을 장악하였다. 조씨 일가족은 독실한 불교신자들로서 승려에 대한 공양은 물론 조형물과 회화 분야의 인재들을 모집하여 화원을 설립하였다. 모가오굴과 위린굴의 공양인 기록(題記)에 화원사·화행도료·화공·소공·사관지다굴, 압야지다굴 등의 직책이 있었음으로 보아, 이 시기의 조형물 기술자들이 상당히 세밀하게 나뉘어 있었음을 알 수 있다.

오대 시기에 조성된 많은 대형 석굴들은 그 공정이 아주 거창하였다. 61번·98번·100번 굴이 좋은 예인데, 유감스러운 것은 불단 위의 조형물들이 이미 하나도 남아 있지 않다는 것이다. 61번 굴의 서쪽 벽 전면의 우따산(五大山) 그림은 지금까지 알려진 것 중 시간적으로 가장 앞서고 규모도 가장 크다. 벽화의 내용을 통해 이 조형물은 문수보살文殊菩薩임을 알 수 있는데, 산시(山西)

---

20 5대10국 시기 사타족沙陀族이 건립한 나라.
21 광성신문효光聖神聞孝 황제의 연호.

우타이(五臺)에 현존하는 문수보살의 조형물을 참고로 판단할 수 있다. 261번 굴에 있는 몇 개의 작품은 조형이나 색채 표현을 막론하고 모두 앞 시대의 것을 모방하고 있다.

송宋나라 건덕乾德[22] 4년(966)에 조원충曹元忠과 양국涼國 부인인 심양瀋陽의 적翟씨가 함께 북대상北大像을 재건하면서 그녀가 300여 명이나 되는 장인들의 밥을 직접 지었다고 하는 것으로 보아 당시 모가오굴의 불교활동이 아주 왕성하였음을 알 수 있다. 송나라 시대가 우리에게 유일하게 남겨 준 것은 55번 굴이다. 굴실은 중심불단형으로 불단 위 남·서·북 3면에 각각 한 기의 의좌불상이 있고, 이와 함께 제자와 보살을 만들어 두었는데 미륵삼회설법상임이 분명하다. 불상의 얼굴은 단정하고 온화하여 당나라 시대의 심미관과는 차이가 있다. 중원지역 송 시대의 조형물은 더욱 풍만하고 우아하며 보다 세속화되어 있는데, 쓰촨(四川) 안웨이(安岳)와 따주(大足)에 남겨진 많은 조형물들 모두가 중원 지역 장인들의 손으로 만

---

22 북송 태조太祖의 연호.

그림 4-28 **북방다문천왕** 투구에 갑옷을 입고 눈을 부릅뜨며 먼 곳을 바라보고 있다. 두 어깨는 둥글고 가슴은 풍만하며 큰 걸음으로 전진하려는 듯하다. 얼굴은 오랫동안 전쟁에 참가한 장군이라기보다는 오히려 아이 모습을 벗지 못한 소년 같다. 비록 얼굴 그리고 투구와 갑옷의 색채가 이미 검게 그을렸지만, 남아 있는 붉은색과 녹색에서 초창기의 풍채를 찾을 수 있다.(오대五代. 261번 모가오굴. 불단 북측)

그림 4-29 **천왕** 당대의 무사 복장으로 갑옷에 투구의 귀덮개를 위로 올려 쓰고 있으며 종아리를 감싸는 검은 장화를 신고 산 위에 서 있다. 갑옷의 가장자리 선은 뚜렷하고 세밀하면서도 정연하고 두 손으로는 병기를 누르고 있는 듯하다. 그러나 정지한 채 서 있는 모습은 천왕의 위엄을 약화시키는 요인이 되고 있다.(송宋. 55번 모가오굴. 불단 남측)

들어진 것이다. 55번 굴에 있는 천왕의 얼굴은 험악스럽고, 갑옷과 투구는 당나라 양식이지만 전반적으로 중원 지역 조형물과 큰 차이를 보이고 있다. 예를 들면 허난(河南) 궁셴(鞏縣)의 북송황릉장군석각, 허난(河南) 덩펑(登封) 추주안(初祖庵)의 천왕석각은 모두 웅장하고 힘찬 느낌을 준다.

서하西夏[23] 광운廣運[24] 2년(1035) 이원호李元昊가 군사를 거느리고 과주와 사주를 장악하면서 둔황은 서하의 지배를 받게 된다. 유물의 발굴 결과 서하 시대에 보수한 조형물로는 부처, 제자, 보살과 가섭, 다보불상 등이 있다. 특히 언급할 만한 것은 1960년대에 491번 굴에서 발견한 두 기의 공양천녀상인데, 모두 어깨에 구멍이 있는 긴 저고리(桂衣)[25]를 입고 뾰족한 신발을 신고 있다. 단정하고 우아하며 단아한 미소가 흐르는 얼굴 등은 둔황 말기 조형물 중의 역작이라 하겠다.

칭기즈 칸 22년(1227) 몽골이 서하를 멸망시킴으로써 모가오굴은 원나라 시대에 들어선다. 이 시대에 조성하고 재건한 석굴은 10여 개에 달하며 규모도

---

23 1038~1227년, 당항黨項족이 중국 서북 지역에 건립한 정권.
24 경종景宗의 세 번째 연호.
25 중국 진한 시대 여성의 평상 의복으로 그 양식이 심의와 비슷하나 간편한 형태이다.

그림 4-30 역사 분노하는 얼굴에 갑옷을 입고 검은 장화를 신고 있다. 한쪽 발은 불좌 옆을 딛고 한쪽 손은 위로 치켜들고 있으며, 어깨로는 불좌를 떠받치고 있다. 형태는 새롭고 독특한데, 후기 모가오굴 조형물 중 유일하게 갑옷을 입고 있는 역사상이다. (송말. 55번 모가오굴. 불단 남측)

상대적으로 컸다. 하지만 5대와 마찬가지로 한 기의 조형물도 남아 있지 않다는 것이 유감이다. 3번 굴에 3층의 원형불단이 유일하게 남아 있지만, 그 위는 텅 비어 있어 오로지 추측만 할 수 있을 뿐이다.

문헌기록과 고고학의 발굴에 따르면 서하와 원나라의 두 시대는 불교에 대한 믿음이 깊었음을 알 수 있지만, 지금까지의 모가오굴 재건과 출토된 조형물 정도를 가지고 당항黨項[26]과 몽골 두 민족이 불교에 대한 열정과 믿음을 대표했다고는 할 수 없다.

둔황의 제일

● 모가오굴의 동굴을 가장 많이 재건한 왕조

모가오굴은 오나라를 시작으로 송대에 이르기까지, 즉 하서 귀의군인 조씨 정권이 둔황을 통치하였던 시기에 가장 많은 재건이 있었다. 조씨가 오나라의 정권을 잡으면서, 특히 초기 3대인 조의금·조원충·조연록曹延祿 집권 시기에 체계적이면서도 계획적으로 대규모의 굴착과 재건사업을 하였다. 반옥섬潘玉閃의 「모가오굴 형태 변천의 몇 가지 문제」에 따르면 조씨 정권은 송 시대까지 39개의 새로운 굴을 조성하였으며, 확장하고 재건한 것은 239개에 달한다. 굴착·확장·재건한 동굴의 수를 합치면 현존하는 모가오굴 중 절반 이상을 차지하는 것이다.

---

26 강족羌族의 일파인 탕구트족.

그림 4-31 공양천녀 원래는 주존의 양측에서 시립하고 있는 공양천녀인데, 1965년 발굴 당시 491번 석굴의 서쪽 벽감에서 발견되었다. 천녀의 머리는 온전했던 것에 비해 몸은 비교적 많이 훼손되었는데, 복원을 거쳐 서하 초창기의 모습을 재현하였다. (서하西夏. 둔황전시센터)

|부록| 둔황의 연대기

시대	둔황 행정구역	둔황 지역의 대사건	세계의 역사
한漢 서한西漢 신新 동한東漢 (기원전 111~219년)	敦煌郡敦煌縣 敦德郡敦德亭 敦煌郡	• 기원전 139년 장건張騫이 외교사절로 서역西域에 가서 13년 동안 대량의 서역 자료들을 얻다. • 기원전 127년 위청衛靑·곽거병霍去病이 흉노들을 몰아내면서 8년 동안 하서河西 회랑은 서한 지역에 귀속되었고, 둔황은 서역으로 통하는 관문이 되다. • 기원전 119년 장건이 또다시 외교사절로 서역에 가다. • 기원전 111년 둔황에 처음으로 군郡을 설립하다. • 기원전 69년 명문대가인 장張씨가 칭허(淸河)로부터 둔황으로 옮겨 오다. • 16년 명문대가인 색索씨가 거록鉅鹿에서 둔황으로 옮겨 오면서 '남색南索'이라고 불리다. • 23년 외효隗囂가 신망新莽을 뒤엎다. • 25년 두융竇融이 하서를 점령하면서 둔황군은 명칭을 회복하다. • 73년 반초班超가 외교사절로 서역에 오면서 한나라와 서역은 65년간 단절되었던 우호관계를 회복하다. • 97년 동한의 외교관인 감영甘英이 페르시아만에 도착하다. • 120년 동한은 둔황에 서역부교위를 설치하고 서역의 사무를 주관하였으며, 지방관청을 두면서 둔황은 중원 왕조가 서역을 통치하는 군사와 정치의 중심이 되다.	• 기원전 174년 대월씨부락이 중국 서부 지역을 떠나 중앙시아로 옮기다. • 52년 쿠샨제국 건국. 중앙시아 지역 및 인도 북부를 통치하면서 중국, 로마, 페르시아와 나란히 4대 제국의 하나가 되다. • 60~200년 인도는 『반야경般若經』, 『법화경法華經』, 『화엄경華嚴經』, 『무량수경無量壽經』 등 대승불교 경전을 편찬하다.
삼국 (220~265년)	敦煌郡	• 축법호竺法護가 서역의 여러 곳을 다니면서 불경을 가지고 돌아오다. 장안長安, 둔황, 뤄양(洛陽)에 역경譯經을 전파하고 '둔황보살'이라 불리다.	• 226년 페르시아 사산 왕조 창건. • 229년 쿠샨 왕의 사신이 중국에 오다. • 242년 페르시아인 마니摩尼가 전도를 시작하다.
서진西晉 (266~316년)	敦煌郡	• 색정索靖, 색습索襲, 송섬末纖, 범등氾騰 등 유명한 유학자들이 출현하다.	

16국 전량前涼 　　　전진前秦 　　　후량後涼 　　　서량西涼 　　　북량北涼 (317~439년)	沙州, 敦煌郡 敦煌郡 敦煌郡 敦煌郡 敦煌郡	• 320년 축법호의 제자 축법승竺法乘이 둔황에 절을 만들고 공부를 계속하다. • 336년 사주沙州 설립. • 366년 사문 낙존沙門樂尊이 둔황 모가오굴에 첫 번째 석굴을 만들다. • 384년 부견苻堅 사강한徙江漢 지역의 민중들이 둔황으로 오다. • 400~405년 서량西涼이 도성이 되다. • 413년 중천축中天竺의 이름난 승려 담무식曇無識이 둔황에 와서 경經을 번역하고 불법을 발양하고 전파하다.	• 320년 인도 굽타Gupta Dynasty 왕조 건립. • 339년 페르시아가 기독교를 금하다. • 약 4세기 인도교印度教를 만들다. • 422년 페르시아가 기독교 금지령을 내리다.
북조北朝 북위北魏 　　　서위西魏 　　　북주北周 (439~581년)	沙州, 敦煌鎭, 義州, 瓜州 瓜州 沙州鳴沙縣	• 444년 진鎭을 세우고 516년에 의주를 파하고 524년에 과주를 다시 회복하다. • 530년 동양왕 원영元榮이 모가오굴에서 불교 석굴을 만들다. • 563년 북주 말기까지 명사현鳴沙縣으로 개칭하다. • 571년 과주 자사刺史, 건평군建平郡 공公 우의于義가 모가오굴에 불교 석굴을 만들다.	• 455년 페르시아 사산 왕조가 중국에 사신을 파견하다. • 518년 페르시아와 북위가 서로 사신을 파견하다. • 521년 구자Kucīna 왕이 사신을 파견하여 남조 양조梁朝에게 편지를 보내고 특산물을 증정하다.
수隋 (581~618년)	瓜州敦煌郡	• 601년 수 문제는 천하의 여러 주州에 영탑을 만들라고 명하다. • 609년 수 양제는 하서를 순행하고 서역의 많은 군주들을 회견하며 둔황에 사람을 파견하여 사원을 만들고 탑을 세우게 하는데, 30여 년간 둔황에 94개의 석굴을 조성하다.	• 606년 계일왕Śilāditya이 즉위하면서 칸나우지Kannauj를 도성으로 정하고 북인도를 통일하다. • 610년 마호메트Muhammad가 이슬람교를 만들다. • 615년 토화라Tokharoi, 구자Kucīna, 소륵Shu-lik, 우전Khotan, 안국An Kingdom, 하국Kushanika, 조국Cao country 등 나라에서 사신을 파견하여 수나라에 조공하다.
당唐 (618~781년)	沙州, 敦煌郡	• 622년 서사주西沙州를 세우고 633년에 '사주沙州'라 명명하다. 740년에 군郡으로 변경하고 758년에 사주沙州로 다시 돌리다. • 618~704년(당나라 초기) • 695년 영은 선사靈隱禪師, 음조 거사陰祖居士 등이 모가오굴에 높이 35.2m의 북대상北大像을 만들다. • 704~781년(성당盛唐기)	• 630년 마호메트는 메카Mecca를 이슬람교 순례의 성지로 삼다. • 640년 계일왕戒日王이 사신을 장안에 파견하여 중국과 인도의 국교가 시작되다. • 644~656년 아타비아문자 『코란Koran』이 책으로 출판되다.

부록 둔황의 연대기　231

시기	지역	둔황 관련 사건	세계 관련 사건
		• 721년 처언處諺 스님과 동향인 마사충馬思忠 등이 높이 27m의 남대상南大像을 만들다.	• 651년 아라비아는 페르시아를 공략하고 페르시아는 당나라에 지원을 요청하다. • 652년 아라비아는 페르시아의 사산 왕조를 멸하다. • 692년 이슬람교의 위대한 건축물인, 석재로 된 돔형 교회당이 예루살렘에 준공되다. • 716년 인도의 싼우워이Śubhakara-siṃha 승려가 장안에 오다.
토번吐蕃 (781~848년)	沙州敦煌縣	• 781년 토번은 둔황을 점령하고 67년간 통치하다. 이때의 둔황은 당나라 중기에 해당되는데, '토번 시기'라고도 부른다.	• 795년 바그다드Baghdad에 제지공장을 세우고 중국의 기술로 종이를 만들다.
장씨 귀의군 張氏歸義軍 (848~910년)	沙州敦煌縣	• 848년 장의조張議潮는 토번을 물리치고 당나라에 투항한 후 귀의군 절도사로 책봉되다. • 851년 당나라는 홍변洪辯 승려를 하서의 승통僧統으로 정하고 승려들의 사무를 관리하게 하다. • 868년 둔황에서 발견된 최초의 조판 인쇄 불경이 이 시기에 출판되다.	
서한금산국 西漢金山國 (906~914년)	國都	• 906년 귀의군 절도사인 장승봉張承奉이 백의천자로 즉위하고 '서한금산국'이라 칭하다. • 911년 장승봉은 회홀回鶻에 화해를 청하면서 회홀의 칸Khan을 부친으로 받들고 '둔황국'으로 칭호를 바꾸며 천자의 칭호를 버리고 왕으로 개칭하다. • 장의조부터 장승봉이 통치한 이 시기는 당나라 말기에 해당한다.	
조씨 귀의군 후량 曹氏歸義軍 後涼 후당後唐 후진後晉 후한後漢 후주後周 송宋 (914~1036년)	沙州敦煌縣 沙州敦煌縣 沙州敦煌縣 沙州敦煌縣 沙州敦煌縣 沙州敦煌縣	• 914년 조의금曹議金이 장승봉을 물리친 후 금산국을 폐하고 여전히 귀의군 절도사로 칭하다.	• 916년 중앙아시아로 통하는 길이 티베트인과 아라비아인에 의하여 점령되다. • 991년 아라비아숫자가 유럽에 전해지다. • 1000~1026년 이슬람교가 중국에 들어오다.

서하西夏 　서하西夏 　몽고蒙古 (1036~1227년)	沙州 沙州路	• 1036년 서하가 사주를 공략하면서 귀의군 정권은 결속지었고 둔황은 서하에 점령되다. 서하는 모가오굴에서 60개의 석굴을 보수하다.		• 1204년 십자군이 동로마제국의 콘스탄티노플Constantinople을 공략하고 '라틴제국'을 건립하면서 동로마제국은 세 개로 분열되다.
몽원蒙元 원元 　북원北元 (1227~1402년)	沙州路 沙州路	• 1227년 몽골이 둔황을 점령하다. • 1229년 몽골과 둔황 사이에 옥문관玉門關을 설치하고 서역으로 통하게 하다.		• 1256년 페르시아가 몽골군에 정복되다. • 1258년 아라비아 아바스 왕조Abbasid Dynasty가 몽골군에 정복되다. 같은 해에 몽골군에 정복된 이란, 아프가니스탄 등 지역에 일 칸국Ilkhanate을 건립하다. • 1369년 티무르 왕조Timurid Dynasty가 건립되고 사마르칸트Samarkand를 수도로 정하고 중앙아시아의 강국이 되다.
명明 (1368~1644년)	沙州衛 罕東街	• 1372년 명나라의 풍승馮勝 장군이 하서를 다스리면서 가욕관嘉峪關을 세우고 둔황을 관외에 방치하다. • 1516년 투루판이 둔황을 점령하다. • 1524년 명나라는 가욕관을 닫아 버리고 사주 민중들이 관내로 들어오면서 둔황은 쇠락하다.		• 1404년 티무르는 중국을 침공할 준비를 하였으나 중도에서 병으로 죽다. • 1453년 콘스탄티노플이 터키군에 공략되면서 동로마제국이 멸망하다. • 1498년 가마Vasco da Gama가 배로 인도에 도착하다. • 1550년 티무르제국 멸망. • 1526년 무갈제국Mughal Empire 건립. • 16세기 무렵에 아라비아 민간 이야기집 『천일야화』가 책으로 출판되다. • 1632년 타지마할Taj Mahal 건립. 세계 7대 불가사의의 하나로 불리다. • 1669년 무갈제국에서 브라만교Brahmanism를 금하다.
청淸 (1644~1911년)	敦煌縣	• 1715년 청나라 군사들이 가욕관에 출병하면서 둔황 일대를 수복하다. • 1724년 성城을 만들고 현縣을 설치하다. • 1900년 도사 왕원록王圓籙이 퇴적된 모래를 제거하다가 창징둥(藏經洞)을 발견하다.		• 1857년 영국군이 딜리를 공략하고 인도 무갈지국이 멸망하다.

부록 둔황의 연대기

둔황의 채색 조형

2018년 6월 20일 초판 1쇄 인쇄
2018년 6월 26일 초판 1쇄 발행

지은이 류융정
옮긴이 임광순·김태경
발행인 한태식
발행처 동국대학교출판부

주소 04620 서울시 중구 필동로 1길 30
전화 02-2260-3483~4
팩스 02-2268-7851
Homepage http://dgpress.dongguk.edu
E-mail book@dongguk.edu
출판등록 제2-163(1973. 6. 28.)
편집디자인 동국대학교출판부
인쇄처 네오프린텍(주)

ISBN 978-89-7801-825-8 03600

값 18,000원

이 책의 무단 전재나 복제 행위는 저작권법 제98조에 따라 처벌받게 됩니다.